D1665404

edition seidengasse
Bibliothek der Provinz

Hans Kumpfmüller ZEUS SCHAU OWA
Die Apologie des Sokrates

Platon DIE APOLOGIE DES SOKRATES

Übersetzt von Friedrich Schleiermacher,
bearbeitet von Matthias Donath.

herausgegeben von Richard Pils

© ISBN 3 85252 599 3
Verlag Bibliothek der Provinz
Wien – Weitra – Linz – München
A-3970 WEITRA

printed in Austria by Druckerei Janetschek, A-3860 Heidenreichstein

Hans Kumpfmüller
ΓΙΑΝΝΗΣ ΚΥΜΒΟΜΥΛΩΝΑΣ

ZEUS SCHAU OWA

Platon
ΠΛΑΤΩΝ

DIE APOLOGIE DES SOKRATES
ΑΠΟΛΟΓΙΑ ΣΩΚΡΑΤΟΥΣ

herzlichst

Hans

Bilingue-Ausgabe
nichtinnviertlerisch – innviertlerisch

02.06.05

1. [17a] Was wohl euch, ihr Athener, meine Ankläger angetan haben, weiß ich nicht: ich meines Teils aber hätte ja selbst beinahe über sie meiner selbst vergessen; so überredend haben sie gesprochen. Wiewohl Wahres, daß ich das Wort heraussage, haben sie gar nichts gesagt. Am meisten aber habe ich eins von ihnen bewundert unter dem vielen, was sie gelogen, dieses, wo sie sagten, ihr müßtet euch wohl hüten, daß ihr nicht von mir getäuscht würdet, weil ich gar gewaltig wäre im [b] Reden. Denn daß sie sich nicht schämen, sogleich von mir widerlegt zu werden durch die Tat, wenn ich mich nun auch im geringsten nicht gewaltig zeige im Reden, dieses dünkte mich ihr Unverschämtestes zu sein; wofern diese nicht etwa den gewaltig im Reden nennen, der die Wahrheit redet. Denn wenn sie dies meinen, möchte ich mich wohl dazu bekennen, ein Redner zu sein, der sich nicht mit ihnen vergleicht.

Diese nämlich, wie ich behaupte, haben gar nichts Wahres geredet; ihr aber sollt von mir die ganze Wahrheit hören. Jedoch, ihr Athener, beim Zeus, Reden aus zierlich erlesenen Worten gefällig zusammengeschmückt und aufgeputzt, wie dieser ihre waren, keineswegs [c] sondern ganz schlicht werdet ihr mich reden hören in ungewählten Worten. Denn ich glaube, was ich sage, ist gerecht, und niemand unter euch erwarte noch sonst etwas. Auch würde es sich ja schlecht ziemen, ihr Männer, in solchem Alter gleich einem Knaben, der Reden ausarbeitet, vor euch hinzutreten.

Indes bitte ich euch darum auch noch sehr, ihr Athener, und bedinge es mir aus, wenn ihr mich hört mit ähnlichen Reden meine Verteidigung führen, wie ich gewohnt bin auch auf dem Markt zu reden bei den Wechslertischen, wo viele unter euch mich gehört haben, und anderwärts, [d] daß ihr euch nicht verwundert noch mir Getümmel erregt deshalb. Denn so verhält sich die Sache. Jetzt zum erstenmal trete ich vor Gericht, da ich siebzig Jahre alt bin; ganz ordentlich also

1. {17a] bassz auf, leidl, wia eng de viakemma hand, deme do odiwed homd, des woase ned. owa i muas scho song, i hedme boid säim nimma dakennd, a so isma des dureaus & dureou gonga, wos de iwa mi daheagredd homd – & wiass gredd homd & wia gschmiad smai gonga is. grod bein easchdn lug is hoid a koana daschdiggd vo de. & wiass donn nu gmoad a homd, es soiz an bong um mi ume mocha & eng vo mia ned bflanzn lossn, wei des, wose sog & wia es eng vaglinggad, wa gfeale, {b] des hod an fassl donn scho an bom duachegrennd. dass owa iwahaubsd koan scheniara homd, weisse e nu boid gnua aussaschdoin wead, das vo gfeale bei mia iwahaubd koa red sei ko, des is fia mi nu de gressde sauarei. es kundd owa a leichd sei, dass a onxd voa an sechan homd, dea eana dwoaheid sogd. wonns owa des is, donn wa i da lezzd, deass ned zuagab, das sei gredad do wos exdrex is, a wonn des, wose sog, ned eanan gschmo hod.

i drauma scho song, das bei eana koa oazex woas wöaddl dabeiquen is. bassz auf, leidl, i wea enx bfeigrod as xichd eisong, wiass wiaggle is. vo mia griagz des zhean, wosma grod einfoid, ned grod a so a sches xogarad wia vo de ondan. & i wea a ned long bei de schen schbrich umanodaglaum {c], wei i woass, dase rechd ho, & wos ondas brauchze koana vo mia eawoaddn. wei des wa jo nu des schena, leidl, wonne iazd auf meine oin dag a aufoamoi mid so labbesche danz daheakammad, wia wonne nu a gloana bua wa.

bassz auf, leidl, oas mechddama scho ausdrong: wonnzma iazd a so zuaheaz, dengz eng amendd, iazd redda do a scho a so dahea wia am moagd bei de schdandla – wei duadd homdma jo do scho vui vo eng zuakead – oda woasgodwo sunsd, donn brauchz eng zweng den wiaggle ned {d] owedoa & dreiblean. des is nemle leichd eaglead: i ho scho an siebzga am bugl & schde owa heid seaschde moi voan grichd. & des gredad, des do hearin vabrochd wiad, is ned des mei. schdoiz

5

bin ich ein Fremdling in der hier üblichen Art zu reden. So wie ihr nun, wenn ich wirklich ein Fremder wäre, mir es nachsehen würdet, daß ich in jener Mundart und Weise redete [18a], worin ich erzogen worden: eben so erbitte ich mir auch nun dieses Billige, wie mich dünkt, von euch, daß ihr nämlich die Art zu reden überseht – vielleicht ist sie schlechter, vielleicht auch wohl gar besser – und nur dies erwägt und acht darauf habt, ob das recht ist oder nicht, was ich sage. Denn dies ist des Richters Tüchtigkeit, des Redners aber, die Wahrheit zu reden.

2. Zuerst nun, ihr Athener, muß ich mich wohl verteidigen gegen das, dessen ich zuerst fälschlich angeklagt bin, und gegen meine ersten Ankläger, und hernach gegen der späteren Späteres. [b] Denn viele Ankläger habe ich längst bei euch gehabt und schon vor vielen Jahren, und die nichts Wahres sagten, welche ich mehr fürchte als den Anytos, obgleich auch der furchtbar ist. Allein jene sind furchtbarer, ihr Männer, welche viele von euch schon als Kinder an sich gelockt und überredet, mich aber beschuldigt haben ohne Grund, als gäbe es einen Sokrates, einen weisen Mann, der den Dingen am Himmel nachgrüble und auch das Unterirdische alles erforscht habe und Unrecht zu Recht mache. Diese, ihr Athener, [c] welche solche Gerüchte verbreitet haben, sind meine furchtbaren Ankläger. Denn die Hörer meinen gar leicht, wer solche Dinge untersuche, glaube auch nicht einmal Götter. Ferner sind auch dieser Ankläger viele, und viele Zeit hindurch haben sie mich verklagt und in dem Alter zu euch geredet, wo ihr wohl sehr leicht glauben mußtet, weil ihr Kinder wart, einige von euch wohl auch Knaben, und offenbar an leerer Stätte klagten sie, wo sich keiner verteidigte. Das übelste aber ist, daß man nicht einmal ihre Namen wissen und angeben kann, [d] außer etwa, wenn ein Komödienschreiber darunter ist. Die übrigen aber, welche euch gehässig und verleumderisch aufgeredet und auch die, selbst nur überredet,

eng iazd amoi via, i wa a wuidfremda, donn druggaz a a aug zua, wonne a so redad, [18a] wia ma da schnowe quoxn is. & genau um des mechdde eng iazd a biddn – ob mei gredad iazd schlechda is wia des enga, oda amendd e bessa. i bidd eng, doaz do iazd ned laissuacha, obe ebbs a so oda a so sog, bassz liawa auf, obe rechd ho oda ned. wei fia des wa jo a richda do. & oana, deasse voa eng hischdoid & eng ebbs viasogd, dea brauchad eiganddle grod dwoaheid song.

2. bassz auf, leidl, glei am ofong muase amoi den easchdn lug aus da wäid schoffn & muame geng de auf dfiass schdoin, de von ofong ou koa guaz hoa an mia lossn homd & donn ko a me easchd geng des wean, wossma iazd nu zuwedra mechddnd. [b] wei do gibz gnua, dess säim goa nimma wissnd, wonns des lezzde moi ned glong homd, so long is des nemle scho hea. & wonne gons eale bi, donn muase scho song, dase de nu häida scheich, wia des xod leid uman Anytos ume, obwoi es genau woas, das des a koane fein hand. de scheiche zweng den aso, wei eng de scho vo gloa auf nix gscheiz iwa mi viavazoid homd: do gibz an Sokrates, a gscheida kund, dea sinniad iwa god & dwäid & dea geind eng den gressdn lug a so ei, dasa scho fosd wieda woa wiad. bassz auf, leidl, de, [c] de des iwa mi a dwäid sezzn, des hand nu weidaus de gfealegan, wei wonnsd a de zuaheasd, donn kosddas neamd varüwe hoin, wonna donn moad, das oana, dea iwa so ebbs nodengd, wiaggle ned glaubd, dass do owa eam a nu ebbs gibd. donn kimmd nu dazua a, das de, deme do odiwed homd, goa ned amoi so weng hand & scho a sches zeidl a so dahi-fuaweaggand. aussadem muasma song, es haz a grod in an blen oidda quen, wiass eng es des gredad ohean hobz miassn & ma hod eng nu leichd wos viamocha kinnd, weiss jo nu kinda oda hoiquoxne quen haz, & aussadem bine ned dabeiquen, wiass iwa mi heagfoin hand, & sunsd is a neamd do quen, deasse fia mi as zeig kaud

7

andre Überredenden, in Absicht dieser aller bin ich ganz ratlos. Denn weder hierher zur Stelle bringen noch ausfragen kann ich irgendeinen von ihnen: sondern muß ordentlich wie mit Schatten kämpfen in meiner Verteidigung und ausfragen, ohne daß einer antwortet. Nehmt also auch ihr an, wie ich sage, daß ich zweierlei Ankläger gehabt habe, die einen, die mich eben erst verklagt haben, die andern, [e] die von ehedem, die ich meine; und glaubt, daß ich mich gegen diese zuerst verteidigen muß. Denn auch ihr habt jenen, als sie klagten, zuerst Gehör gegeben, und weit mehr als diesen späteren.

Wohl! Verteidigen muß ich mich also, [19a] ihr Athener, und den Versuch machen, die verkehrte Meinung, die ihr in langer Zeit bekommen habt, euch in so sehr kurzer Zeit zu benehmen. Ich wünschte nun zwar wohl, daß dieses so erfolgte, wenn es so besser ist für euch sowohl als für mich, und daß ich etwas gewönne durch meine Verteidigung. Ich glaube aber, dieses ist schwer, und keineswegs entgeht mir, wie es damit steht. Doch dieses gehe nun, wie es dem Gott genehm ist, mir gebührt, dem Gesetz zu gehorchen und mich zu verteidigen.

3.a) Rufen wir uns also zurück von Anfang her, was für eine Anschuldigung es ist, aus welcher mein übler Ruf entstanden ist, worauf bauend auch Meletos [b] diese Klage gegen mich eingegeben hat. Wohl! Mit was für Reden also verleumdeten mich meine Verleumder? Als wären sie ordentliche Kläger, so muß ich ihre beschworene Klage ablesen: »Sokrates frevelt und treibt Torheit, indem er unterirdische und himmlische Dinge unter-

hed. owa des ollanarescha is nu des, dassdas ned amoi
inwiasd, wiass iwahaubd hoassnd desäin, [d] aussa es is
oana zuafelle a schreiwaleng. wonn eng iazd owa oana
des oiss grod viaxogd hod, weira neidld oda a so hoid a
schmeedandla is, donn wiaz freile a luada, wei geng
sechane, de den grombf scho säim glaumd, geng de
kimmsd an olla schwaran auf, auf des bine eam scho
kemma. vo de kimmdda owa a koana zuwa, dassd mid
eam ren kunnsdd, & a so raufsde hoid oiwei mid oan
owe, dea goa ned amoi do is, & des is hoid a ned swoare,
weida dea hoid do oged, dea da red & ondwoadd
schdandd. iazd ge e hea & sog: es gibd zwoaraloa, de
geng mi hand, & vo den soiz es a ausge. de oan, de
easchd iazd daheakemmand & mi oloanan, & donn nu
ondane, [e] wia e em dscheasd grod xogd ho, de des scho
lenga doand. & glaubzmas, voa de muasame ois easchda
hischdoin, wei vo de hobz jo den bledsenn iwa mi vui
friaa & weid efda kead wia vo de ondan.

oiso, bassz auf, leidl, i schde zweng den do, [19a] i muas
iazd gons oafoch browian, obe enx ned do ausren ko,
wosse no & no bei eng do drom eignisd hod, & des a
deara kuazn zeid. i winschadmas, dase des higriag &
zwoa a so, dass fia eng & fia mi bassd & dase mid meina
red wos ausrichd. mia iss scho gloa, das des schwa is, &
i woass a, dass ned machdde um mi schded. owa wonn
dea do om mog, donn wiaz a hihauad, de gschichd. i
muas auf jen foi doa, wosse kead & i muasme auf dfiass
schdoin.

3.a) schauma unsas amoi ou, wia des gonz ogfongd hod
& wossma viaschmeissnd & worumsme aufoamoi a so
heaschdoind, wia wonne da gressd falodd wa, dasme auf
des auffe da Meletos [b] bein richda oschwiazzn hod
kinnd. oiso: wos homd de liangschiwe iazd iwa mi
daheavazoid? wia issn voa an grichd, do muas a wea den
wisch voalesn, wo des oiss omschded, wos geng mi
voaliegd: »da Sokrates mochd sochan, dese ned keand,

9

sucht und Unrecht zu Recht macht und dies auch andere lehrt.[c] «Solcherart ist sie etwa: denn solcherlei habt ihr selbst gesehen in des Aristophanes Komödie, wo ein Sokrates vorgestellt wird, der sich rühmt, in der Luft zu gehen, und viel andere Albernheiten vorbringt, wovon ich weder viel noch wenig verstehe. Und nicht sage ich dies, um eine solche Wissenschaft zu schmähen, sofern jemand in diesen Dingen weise ist – möchte ich mich doch nicht solcher Anklagen von Meletos zu erwehren haben! –, sondern nur, ihr Athener, weil ich eben an diesen Dingen keinen Teil habe.

Und zu Zeugen rufe ich [d] einen großen Teil von euch selbst und fordere euch auf, einander zu berichten und zu erzählen, so viele eurer jemals mich reden gehört haben. Deren aber gibt es viele unter euch. So erzählt euch nun, ob jemals einer unter euch mich viel oder wenig über dergleichen Dinge hat reden gehört. Und hieraus könnt ihr ersehen, daß es ebenso auch mit allem übrigen steht, was die Leute von mir sagen.

3.b) Aber es ist eben weder hieran etwas, noch auch wenn ihr etwa von einem gehört habt, ich unternähme es, Menschen zu erziehen, und verdiente Geld [e] damit; auch das ist nicht wahr. Denn auch das scheint mir meines Teils wohl etwas Schönes zu sein, wenn jemand imstande wäre, Menschen zu erziehen, wie Gorgias der Leontiner und Prodikos der Keier und auch Hippias von Elis. Denn diese alle, ihr Männer, verstehen es, in allen Städten umherziehend die Jünglinge – die dort unter ihren Mitbürgern zu wem sie wollten sich unentgeltlich halten könnten – diese also überreden sie, [20a] mit Hintansetzung jenes Umgangs sich Geld bezahlend zu ihnen zu halten und ihnen noch Dank dazu zu wissen. Ja, es gibt auch hier noch einen andern Mann, einen Parier, von dessen Aufenthalt ich erfuhr. Ich traf

laudda bledsenn, weira oiwei wissn mechdd, wosse unddan bom & an himme om oschbuid, & ea geind eana den gressdn lug a so ei, dasa scho fosd wieda woa wiad, & ondane leanda a nu ou.« [c] so enle homses hidrad, & bein Aristophanes sein schdiggl hobzenx sogoa nu oschau a kinnd: wia duadd a Sokrates auf da woiggn sizzd & sogd, ea gang a weng schbazzian, oafoch a so a weng duach dlufd & laudda so usinnex zeig, vo den e weng oda goa nix vaschde. & des soge iazd ned, wei e do a gonze wissnschofd owasezzn mechd, wonn do oana vo eng von foch is – & dasma da Meletos zweng den ned a nu an schdrig drad. owa bassz auf, leidl, i fia mein dei, ho mid sowos iwahaubd nix zdoan.

de mearan vo eng hand meine zeing [d] & mia wass scho rechd, wonnz eng des midanod a weng duachn kopf ge lossaz, wea ma domois zukead hod, wia e gredd ho, & des homd jo de mearan vo eng do. rez amoi unddaranod, obme wiaggle wea kead hod, wiame mid wem iwa sechane sochan unddahoin ho, wei do kinnz enx donn e scho a weng ausmoin, das des hibsch des gleich is, wos dleid sunsd nu iwa mi daheavazoind, wonn da dog long is.

3.b) dro is do iwahaubd nix, & wonnz amoi iagendwo ebbs kead hez, dasame wo odrong hed zwengan leid eaziang & dasame nu zoin a los [e] fia des, donn is des gons oafoch ned woa. freile, a schene soch is des scho, wonn des wea ko, des leideaziang, wia vomiaraus da Gorgias vo Leontinoi oder da Prodikos vo Keos oda da Hippias vo Elis. wei vo de, des wissz e leidl, iss a jeda inschdond, dasa – heid duadd & moang do – de junga, desses jo aussuacha kunddnd, mid wems wos zdoan hom mechddnd & mid wem ned, soweid bringd, [20a] dass a de ondan davorennand, mid eana donn mid-roasnd, dafia zoind & ad he drauf nu dongsche a songd. iwrenx gibz do nu oan, dea is vo Paros, a gons a wiffa kambbe, dea soid e bei uns a da naad wo sei. wei i bi neile amoi zuafelle mid oan beinodxessn, dea aloa hod a

nämlich auf einen Mann, der den Sophisten mehr Geld gezahlt hat als alle übrigen zusammen, Kallias, den Sohn des Hipponikos. Diesen fragte ich also, denn er hat zwei Söhne: Wenn deine Söhne, Kallias, sprach ich, Füllen oder Kälber wären, wüßten wir wohl einen Aufseher für sie zu finden oder zu dingen, der sie gut und tüchtig machen würde [b] in der ihnen angemessenen Tugend, es würde nämlich ein Zureiter sein oder ein Landmann: nun sie aber Menschen sind, was für einen Aufseher bist du gesonnen ihnen zu geben? Wer ist wohl in dieser menschlichen und bürgerlichen Tugend ein Sachverständiger? Denn ich glaube doch, du hast darüber nachgedacht, da du Söhne hast. Gibt es einen, sprach ich, oder nicht? O freilich, sagte er. Wer doch, sprach ich, und von woher ist er und um welchen Preis lehrt er? Euenos der Parier, antwortete er, für fünf Minen. Da pries ich den Euenos glücklich, wenn er wirklich diese Kunst besäße [c] und so vortrefflich lehrte. Ich also würde gewiß mich recht damit rühmen und großtun, wenn ich dies verstände: aber ich verstehe es eben nicht, ihr Athener.

4.a) Vielleicht nun möchte jemand von euch einwenden: Aber, Sokrates, was ist denn also dein Geschäft? Woher sind diese Verleumdungen dir entstanden? Denn gewiß, wenn du nichts Besonderes betriebest vor andern, es würde nicht solcher Ruf und Gerede entstanden sein, wenn du nicht ganz etwas anderes tätest als andere Leute. So sage uns doch, was es ist, damit wir uns nicht [d] aufs Geratewohl unsere eigenen Gedanken machen über dich.

Dies dünkt mich mit Recht zu sagen, wer es sagt, und ich will versuchen, euch zu zeigen, was dasjenige ist, was mir den Namen und den üblen Ruf gemacht hat. Hört also, und vielleicht wird manchen von euch bedünken, ich scherzte: glaubt indes sicher, daß ich die

de gschein freina do scho meara hibladdld, wia wos eana de ondan oille midanod zuagschdeggd homd. Kallias hoassda, an Hipponikos a seinega su. den hone donn gfrogd (wei ea hod jo zwoa buam): bass auf, Kallias, hone xogd za eam: »wonn deine buam iazd heissl oda kaiwe wand, donn kunddma uns iazd oan vazoin, deass orichdad, [b] das wos gscheiz wiad aus eana. des miassad owa oana sei, dea vo da londwiadschofd ebbs vaschded & deasse bei de ressa auskennd. de owa,« hone donn weida xogd za eam, »des hand owa iazd leid, wea foiadda do auf de gache ei zan orichdn? wem schdandd so ebbs zua, gibz iwahaubd oan, dea so ebbs ko? wei i moa, dassde jo do a weng grandd hosdd um deine buam. gibz do iazd wem, oda e ned?« hone xogd. »freile« hod ea drauf xogd. »wea is des donn«, hone weidaboad, »vo wo isa denn & is a sechana iwahaubd zan dazoin?« woidde donn a nu wissn. »Euenos«, hoz donn koassn, »vo Paros isa & fünf minen nimmda, & des wa jo ned vui.« & i dengma, mensch Euenos, hosddas du sche, wonnsd des wiaggle beheaschd. [c] wonn i des a kundd, donn moane, wama ned zan drau. i moa, dasma des frei a weng an kobf schdeigad. owa doaz eng ned owe, leidl, i vaschde e nix davo.

4.a) iazd kundd owa da oa oda onda vo eng heage & song: »is e rechd Sokrates, owa wos duasdd denn donn wiaggle? wei iagendebbs muas jo sei, sunsd henzde jo ned a so auf da muggn, oda? vo nix wiad nix, wei wonnsd gons oafoch min haufn rennazd, donn kammsd a ned a so as leidgredad. sog unsas hoid, wos wiaggle dahindda is, dasmade iazd ned [d] so mianixdianix vauaddeind.«

wonn oana so ebbs sogd, donn dengama, hoda sogoa rechd, owa i mechz drozdem browian, obe enx ned do eaglean ko, worumsme iazd fia an sechan heaschdoind. iazd miassz owa guad aufbassn. amendd moanand iazd oa vo eng, dase grod a weng bledld. oas is amoi quis, vo mia griagz grod ebbs zhean, wos a wiaggle schdimmd.

reine Wahrheit rede. Ich habe nämlich, ihr Athener, durch nichts anderes als durch eine gewisse Weisheit diesen Namen erlangt. Durch was für eine Weisheit aber? Die eben vielleicht die menschliche Weisheit ist. Denn ich mag in der Tat wohl in dieser weise sein; jene aber, deren ich eben erwähnt, sind vielleicht weise in einer Weisheit, [e] die nicht dem Menschen angemessen ist; oder ich weiß nicht, was ich sagen soll, denn ich verstehe sie nicht, sondern wer das sagt, der lügt es und sagt es mir zur Verleumdung.

Und ich bitte euch, ihr Athener, erregt mir kein Getümmel, selbst wenn ich euch etwas vorlaut zu reden dünken sollte. Denn nicht meine Rede ist es, die ich vorbringe; sondern auf einen ganz glaubwürdigen Urheber will ich sie euch zurückführen. Über meine Weisheit nämlich, ob sie wohl eine ist und was für eine, will ich euch zum Zeugen stellen den Gott in Delphoi.

Den Chairephon kennt ihr doch. Dieser [21a] war mein Freund von Jugend auf, und auch euer, des Volkes, Freund war er und ist bei dieser letzten Flucht mit geflohen und mit euch auch zurückgekehrt.Und ihr wißt doch, wie Chairephon war, wie heftig in allem, was er auch beginnen mochte. So auch, als er einst nach Delphoi gegangen war, erkühnte er sich, hierüber ein Orakel zu begehren; nur, wie ich sage, kein Getümmel, ihr Männer. Er fragte also, ob wohl jemand weiser wäre als ich. Da leugnete nun die Pythia, daß jemand weiser wäre. Und hierüber kann euch dieser sein Bruder hier Zeugnis ablegen, da jener bereits verstorben ist.

wei, bassz auf, leidl, des min gscheidsei, des is a luada. gscheid & gscheid is nemle ned des gleich. & des gscheidsei, dess mia iazd viaschmeissnd, des messnd de mid eanan mos, vaschdez des, wia e des moa? jo, & a so gabses donn scho, dase vo eana aus xäing gscheid bi, des daganxe donn scho. de owa, vo de e do iazd red, de kinnand vomiaraus so gscheid sei, dass iwa [e] eana mos aussewoxn, oda mia foid nix ondas ei. wei i vaschde nix vo den, & wea wos ondas sogd, dea liagd & mechddma grod shaggl as greiz eihau.

bassz auf, leidl, es brauchz iazd ned zan woisln ofonga, a wonns fia eng iazd aufoamoi ausschaud, wia wonne grod a weng schbrich globfad. & des, wose do iazd sog, des soge ned, wei ama eibuidd, dass nem meina koan & nix mea gab, na na, do gibz scho oan & obs do oan gibd & dea schdedma a grod fia des, wose sog. wei fia mei gscheidsei, gons wuaschd, ob do iazd ebbs dro is oda ned & obses iazd wiaggle gibd oda ned, do nenne eng iazd an zeing, & zwoa an heagod zDelphi drausd.

an Chairephon kennz e. des [21a] is a oida schbezl vo mia, scho vo gloa auf bi e mid den oiwei beinod-gschdeggd – ea is e a engarega quen. dea hod ausroasn miassn, den homz duadd higschiggd, wo da bfeffa woxd, iazd isa owa wieda do. es wissz owa a, wos dea Chairephon fia a kund heaquen is, wonnse dea wos eibuidd hod, donn hodas duachzong, gons gleich, woss quen is. jo & wiara donn aufmoi zDelphi drausd quen is, do iss eam ned zbled quen, dasa duadd soaraggl gfrogd hod (iazd deafzma owa ned bes sei, wonne enx sog) – jo wia xogd, ea hoz gfrogd, obs wo oan gab, dea gscheida wa wia i. & de bfoararen, de oiss woas, a des, wos schbeda amoi bassian wead, de Pythia, de hod eams briawoam xogd, das neamd wiffa is wia i. sei bruada, do isa e, dea ko enx genauaso song, wei da Chairephon säim is jo scho voa an zeidl gschdoam.

4.b) Bedenkt nun, weshalb ich [b] dieses sage; ich will euch nämlich erklären, woher die Verleumdung gegen mich entstanden ist. Denn nachdem ich dieses gehört, gedachte ich bei mir also: Was meint doch der Gott und was will er etwa andeuten? Denn das bin ich mir doch bewußt, daß ich weder viel noch wenig weise bin. Was meint er also mit der Behauptung, ich sei der Weiseste? Denn lügen wird er doch wohl nicht; das ist ihm ja nicht verstattet. Und lange Zeit konnte ich nicht begreifen, was er meinte; endlich wendete ich mich gar ungern zur Untersuchung der Sache auf folgende Art. Ich ging zu einem von den für weise Gehaltenen, [c] um dort, wenn irgendwo, das Orakel zu überführen und dem Spruch zu zeigen: Dieser ist doch wohl weiser als ich, du aber hast auf mich ausgesagt. Indem ich nun diesen beschaute, denn ihn mit Namen zu nennen ist nicht nötig; es war aber einer von den Staatsmännern, auf welchen schauend es mir folgendermaßen erging, ihr Athener. Im Gespräch mit ihm schien mir dieser Mann zwar vielen andern Menschen und am meisten sich selbst sehr weise vorzukommen, es zu sein aber nicht. Darauf nun versuchte ich ihm zu zeigen, er glaubte zwar, weise zu sein, wäre es aber nicht; [d] wodurch ich dann ihm selbst verhaßt ward und vielen der Anwesenden. Indem ich also fortging, gedachte ich bei mir selbst, als dieser Mann bin ich nun freilich weiser. Denn es mag wohl eben keiner von uns beiden etwas Tüchtiges oder Sonderliches wissen; allein dieser meint etwas zu wissen, obwohl er nicht weiß, ich aber, wie ich eben nicht weiß, so meine ich es auch nicht. Ich scheine also um dieses wenige doch weiser zu sein als er, daß ich, was ich nicht weiß, auch nicht glaube zu wissen. Hierauf ging ich dann zu einem andern von den für noch weiser als jener Geltenden, und es dünkte mich [e] eben dasselbe, und ich wurde dadurch auch ihm selbst und vielen andern verhaßt.

4.c) Nach diesem ging ich schon nach der Reihe vor, bemerkend freilich und bedauernd, und auch in Furcht

4.b) iwalegz amoi, worume eng des sog? [b] i dua des
grod, dasses säim a säigz, worume heid a so drinnheng.
wia e nemle des eafoan ho, do honama scho dengd: wos
moad dea do om & worum lossdame goa a so nagan a
deara gschichd? wei wissn dua es scho, dase ned einx
gscheid bi, ned zvui, owa zweng a ned. wos owa moada
donn, wonna sogd, i wa da gscheida? oas is amoi sicha,
liang duada ned, wei des bassd ned za eam. dscheasd
hones amoi longmechdde iwahaubd ned iwanaousad, wosa
gmoad hod, wiara des xogd hod, donn owa honame do
aufdarabbed & bi deara gschichd am grund gonga. i bi
oafoch za oan hi, vo den dleid songd, dasa gscheid wa,
[c] wei ame mid den ned ofinddn woidd & an oaraggl
woiddes a zoang, nemle: »dea kund do, dea is gscheida
wia i, obwoissd du gmoad hosd, i wa da wiffa. wia ema
de gschichd donn vo hibei ogschaud ho (wiara koassn
hod, is iazd e wuaschd, a unsarega bolidegga iss hoid
quen), do issma scho viakemma, dasa wos draufhod,
song doanses jenfois, & an häidan buizzes ea säim ei.
grod schdimma duaz hoid ned, & des hede eam a bei-
bringa meng, das des grod a eibuiddung is & dasa do
ned gons so weid hea is, wiarase oiwei eibuidd. [d] do
owa honama dhundd aufqueggd bei de mearan, de do
grod doquen hand a den dog. & bein aussege honama za
mia säim nu dengd: »wonnama uns zwoa aso oschau,
donn bi do i da gscheida. wei des, um woss wiaggle ged,
woas koana vo uns zwoa. ea owa buizes ei, dasa wos
woas, obwoi a an dreg woas, & i, i woas e a nix, owa i
buiddmas wenexdns ned ei, dase wos wissad. woma uns
zwoa iazd zaumschdoid, donn bi i owa do um des bazzl
gscheida wia ea, dasama ned eibuidd, dase wos woas, vo
dene eiganddle nix vaschde. nochand bine nu za an
ondan hi, za oan, vo dens hoassd, dasa nu um a drum
gscheida wa wia da easchd, [e] & duadd issma genau aso
gonga. & vado honamas a nu bei eam & ned grod bei
eam.

4.c) auf des auffe hones donn no da rei oglabbad & i
homa dengd, i foi ad froas, wia e donn sche gloaweis

darüber, daß ich mich verhaßt machte; doch aber dünkte es mich notwendig, des Gottes Sache über alles andere zu setzen; und so mußte ich denn gehen, immer dem Orakel nachdenkend, was es wohl meine, zu allen, welche dafür galten, etwas zu wissen. Und beim Hunde, [22a] ihr Athener, – denn ich muß die Wahrheit zu euch reden – wahrlich, es erging mir so. Die Berühmtesten dünkten mich beinahe die Armseligsten zu sein, wenn ich es dem Gott zufolge untersuchte, andere, minder Geachtete aber noch eher für vernünftig gelten zu können. Ich muß euch wohl mein ganzes Abenteuer berichten, mit was für Arbeiten gleichsam ich mich gequält habe, damit das Orakel mir ja ungetadelt bliebe.

Nach den Staatsmännern nämlich ging ich zu den Dichtern, den tragischen sowohl als den dithyrambischen und den übrigen, [b] um dort mich selbst durch die Tat zu überführen als unwissender denn sie. Von ihren Gedichten also diejenigen vornehmend, welche sie mir am vorzüglichsten schienen ausgearbeitet zu haben, fragte ich sie aus, was sie wohl damit meinten, auf daß ich auch zugleich etwas lernte von ihnen. Schämen muß ich mich nun freilich, ihr Männer, euch die Wahrheit zu sagen: dennoch soll sie gesagt werden. Um es nämlich geradeheraus zu sagen, fast sprachen alle Anwesenden besser als sie selbst über das, was sie gedichtet hatten. Ich erfuhr also auch von den Dichtern in kurzem dieses, daß sie nicht durch Weisheit dichteten, [c] was sie dichten, sondern durch eine Naturgabe und in der Begeisterung, eben wie die Wahrsager und Orakelsänger. Denn auch diese sagen viel Schönes, wissen aber nichts von dem, was sie sagen; ebenso nun ward mir deutlich, erging es auch den Dichtern. Und zugleich merkte ich, daß sie glaubten, um ihrer Dichtung willen

draufkemma bi, das do nix aussakemma ko, aussa
dasama grod iwaroi an vadrus eihondld. & grod zweng den
moane, wass gons wichde, dasma des woadd vo den do
om gons omauf schdoid, weida auffe, wia oiss ondane. i
ho iazd noddiale, dase dahindda kemma bi, wos soaraggl
xogd & gmoad hod, bei oille vobeischau miassn, vo dess
koassn hod, dass ebbs wissnd. & bluadega hund, [22a]
leidl, i muas enx jo song, wiass wiaggle is. schdoiz eng
via, wosma do bassiad is: de, vo dess koassn hod, se wand
de iwadriwa, de hand dogschdonddn wia de gressdn
oamudschgal, wia es a weng ausgfrogd ho, so wiass ma
vo om eigem woan is. bei de ondan owa, auf dema oiwei
a weng owegschaud hod, do issma viakemma, wia
wonns do a weng weida heawand wia de easchdn. i sox
wiass is, i bi an groas grennd, owa do deafda nix zbled
sei, wonnsd moasd, dass da oaragglschbruch aufdlezd
fia di säim a heahoin soid, & des is a dschoch, des
kinnzma glaum.

no de bolidegga hone de schreiwaleng hoamxuachd, de
veasl- & liadaschreiwa & de ondan, [b] wei amas duadd
säim beweisn woidd, dase wenga woas wia se. auf des
auffe honama eanane schdiggl a weng genaua duach-
schduddiad & do hone a wieda de gnumma, wo ama
dengd ho, das einx vui hianschmoiz drinn wa, & donn
ho e oafoch ned aufkead & ho so deialong dahigfrogd &
xembbad, wei es genau wissn woidd, woss mid eanan
gschreiwarad iwahaubd moanand, & leana hede jo a nu
ebbs meng vo eana. bassz auf, leidl, i scheichs frei a
weng, wonne enx iazd sog, wiass wiaggle is, owa i
muass doa. wei wonnsda des okead hosdd, wos de xogd
homd, de so beileiffe doquen hand, donn hosdde e häida
auskennd, wia bei den xogarad, wos de schreiwaleng
säim vabrochd homd. i bi owa boid dahinddakemma,
das eana gschreiwad ned a so woan is, weiss so gscheid
wand, [c] na, weiss hoid a weng a hendd homd fia des
oda weiss eana eigem wiad wia a de woasoga & a de, de
de oaragglschbrich auffe & owe singand. wei de
kinnand jo a rechd sche dahearen, wonn da dog long is,

auch in allem übrigen sehr weise Männer zu sein, worin sie es nicht waren. Fort ging ich also auch von ihnen mit dem Glauben, sie um das nämliche zu übertreffen wie auch die Staatsmänner.

4.d) Zum Schluß nun ging ich auch zu den Handarbeitern. Denn von mir selbst wußte ich, daß ich gar nichts weiß, um es geradeheraus zu sagen, von diesen aber wußte ich doch, [d] daß ich sie vielerlei Schönes wissend finden würde. Und darin betrog ich mich nun auch nicht; sondern sie wußten wirklich, was ich nicht wußte, und waren insofern weiser. Aber, ihr Athener, denselben Fehler wie die Dichter, dünkte mich, hatten auch diese trefflichen Meister. Weil er seine Kunst gründlich erlernt hatte, wollte jeder auch in den andern wichtigsten Dingen sehr weise sein; und diese ihre Torheit verdeckte jene ihre Weisheit. So daß ich mich selbst auch befragte im Namen des Orakels, [e] welches ich wohl lieber möchte, so sein, wie ich war, gar nichts verstehend von ihrer Weisheit und auch nicht behaftet mit ihrem Unverstande, oder aber in beiden Stücken so sein wie sie. Da antwortete ich denn mir selbst und dem Orakel, es wäre mir besser, so zu sein, wie ich bin.

4.e) Aus dieser Nachforschung also, ihr Athener, sind mir viele Feindschaften [23a] entstanden, und zwar die beschwerlichsten und lästigsten, so daß viel Verleumdung daraus entstand und auch der Name, daß es hieß, ich wäre ein Weiser. Es glauben nämlich jedesmal die Anwesenden, ich verstände mich selbst auf das, worin ich einen andern zuschanden mache. Es scheint aber, ihr Athener, in der Tat der Gott weise zu sein und mit diesem Orakel dies zu sagen, daß die menschliche Weisheit sehr weniges nur wert ist oder gar nichts, und offenbar nicht dies vom Sokrates zu sagen, sondern nur mich zum Beispiel erwählend, [b] sich meines Namens

owa vaschde doanses hoid a ned, woss wiaggle songd. genauaso handma de dichda viakemma, & i hos owa a midgriagd, dassase zweng eanane veasl eibuiddnd, se hend gscheidheit min leffe gfressn – owa do homs nu weid hi. wia e bei de donn gonga bi, bi ama owa scho sicha quen, dase eiganddle um a drum gescheida bi wia se & wia de bolidegga.

4.d) auf des auffe bi e za de hondweagga. mia iss scho gloa quen, dase vo den iwahaubd nix vaschde. [d] wose owa sicha quissd ho vo eana, des is, dass wiaggle schene sochan mocha kinnand. & des honama ned grod ei- buidd. de mochand sochan, de griagad i mei lebda nia a so hi, & a so xäing hanz e weida wia i. owa bassz auf, leidl, de liam hondweagga mochand den gleichn schmoan wia dschreiwaleng. es is jo ned woa, dass bod- schad wand, na se hand muaz gschiggd & kinnand a wos, owa zweng den buiddnsase ei, se wand bei oin ondan a de ollagscheidan. mid sowos owa hausda des onda a wieda oiss zaum. donn honame scho gfrogd, [e] oaraggl schau owa, ob des scho guad is, wonne a so bi wia e em bi, ned gscheid sei wia vo miaraus simgscheid, owa a ned so bled wia se, dases säim nimma kenn. oda, obs do gscheida wa, wonne a a so wa wia se. dondwoadd hone an oaraggl & mia glei säim gem & ho xogd, es bassd e a so, wia e bi.

4.e) bassz auf, leidl, bei deara ausfrogarei hand de, de auf mi schbinnand, oiwei meara woan, [23a] jo & wia laud dass gschbunna homd, & an bledsenn homs dahea- vazoid iwa mi. es hod owa a nu koassn, i wa a gonza wif- zagg. wei de, de do grod doquen hand, de moanand nemle, dase e des säim a woas, iwa wose de ondan aus- flaschld. jo leidl, & a so xäing schauaz boid aus, wia wonn e grod dea do om wiaggle gscheid wa & iwa soaraggl lossda uns donn ausrichdn, das des, wos mia undda gscheidsei vaschdend, weng oda goa nix weadd is. jo & de oille, de renda, [b] & mi, mi nennda. an nom owa, den sogda grod so beileiffe, so wia wonna grod

zu bedienen, wie wenn er sagte: Unter Euch, ihr Menschen, ist der der Weiseste, der wie Sokrates einsieht, daß er in der Tat nichts wert ist, was die Weisheit anbelangt. Dieses nun gehe ich auch jetzt noch umher nach des Gottes Anweisung zu untersuchen und zu erforschen, wo ich nur einen für weise halte von Bürgern und Fremden; und wenn er es mir nicht zu sein scheint, so helfe ich dem Gott und zeige ihm, daß er nicht weise ist. Und über diesem Geschäft habe ich nicht Muße gehabt, weder in den Angelegenheiten der Stadt etwas der Rede Wertes zu leisten, noch auch in meinen häuslichen; sondern in tausendfältiger Armut lebe ich [c] wegen dieses dem Gotte geleisteten Dienstes.

Über dieses aber folgen mir die Jünglinge, welche die meiste Muße haben, der reichsten Bürger Söhne also, freiwillig und freuen sich, zu hören, wie die Menschen untersucht werden; oft auch tun sie es mir nach und versuchen selbst, andere zu untersuchen, und finden dann, glaube ich, eine große Menge solcher Menschen, welche zwar etwas zu wissen glauben, aber wenig oder nichts wissen. Deshalb nun zürnen die von ihnen Untersuchten mir und nicht sich und sagen, Sokrates ist doch ein ganz ruchloser Mensch [d] und verdirbt die Jünglinge. Und wenn sie jemand fragt, was doch treibt er und was lehrt er sie: so haben sie freilich nichts zu sagen, weil sie nichts wissen; um aber nicht verlegen zu erscheinen, sagen sie dies, was gegen alle Freunde der Wissenschaft bei der Hand ist, die Dinge am Himmel und unter der Erde, und keine Götter glauben und Unrecht zu Recht machen. Denn die Wahrheit, denke ich, möchten sie nicht sagen wollen, daß sie nämlich offenbar werden als solche, die zwar vorgeben, etwas zu wissen, wissen aber nichts. Weil sie nun, denke ich, ehrgeizig sind und heftig, und ihrer viele, welche einverstanden miteinander [e] und sehr scheinbar von mir reden: so haben sie schon lange und gewaltig mit Verleumdungen euch die Ohren angefüllt. Aus diesen sind Meletos gegen mich aufgestanden und Anytos und

song mechdd: »dea vo eng do drundd, deass a so wia da Sokrates iwarissn hod, dasa, wonns auf dha ged, e an dreg woas, dea is e nu da gscheida. & genau zweng den renne iazd umanod, wia womas dea do om oschoffad, & frog de leid, vo de a ma deng, dass hoiwex häi auf da maruin wand, gons wuaschd obs iazd dosege oda wuid-fremde hand. & wonnsma donn viakimmd, das eam sgscheidsei e ned weduad, donn ge e hi za eam, i da hondlonga vo den do om, & sog eams, das e nix los is mid eam. & wei e des dua, zweng den bleibdma a ned rechd vui zeid fia de ondan & fia mi scho dscheasd ned. an gengdei, & [c] gäidmesse, do gez ma sauzrissn – wei ama em fia den do om an haxn ausreis.

donn kimmd nu dazua, das de junga, de mid mia midziangd & des doand, one das eanas wea oschofd (wei de, de de meara zeid homd, des hand hoid amoi de kinda vo de gschdobfdn, do huifd hoid amoi nix), de nu de gressd gaude homd, wonnses heand, wia e de leid ausfrog. ofd mochanzmas donn no & browianz säim a, dass ondane ausflaschlnd. se findnd donn oiwei gnuag leid, desse eibuiddnd, dass woasgodwos wissnd, owa in wiagglechkeid gons sche danem schdend. drum rabbend iazd de, dess gfrogd homd, auf mi, onschdod dass auf eana säim schbinnadnd, & donn hoassz, do gabs an quissn Sokrates, a gonze grezzn, [d] dea de junga leid vaduad. & wonns iazd wea frogd, wiara denn do duad & wosa eana leand, donn schdens do wia da ox voan doa. & weissases owa ned okenna lossnd, kemmans hoid oiwei mid den gleichn schmee dahea, mid dens in oille kemmand, de filosofiand: mid den an himme om & mid den unddan gros; dass de do om valaungand & dass oan den gressdn lug a so eigeind, dasa scho frei wieda woa wiad. fia dwoaheid owa, do hanz ned zan hom desäin. wei des is e wos oiz, dassase eibuiddnd, wia gscheid dass ned wand, dawei wissns owa e an dreg. weiss owa iazd, so moa e hoid, [e] oschwiare, muaz zach & goa ned amoi so weng hand, & weisse eana gredad iwa mi nu ohead a, wia wonns woa wa, homs eng engane oawaschl mid den

Lykon; Meletos der Dichter wegen mir aufsässig, Anytos [24a] wegen der Handarbeiter und Staatsmänner, Lykon aber wegen der Redner. So daß, wie ich auch gleich anfangs sagte, ich mich wundern müßte, wenn ich imstande wäre, in so kurzer Zeit diese so sehr oft wiederholte Verleumdung euch auszureden.

Dieses, ihr Athener, ist die Wahrheit, und ohne weder Kleines noch Großes verhehlt oder entrückt zu haben, sage ich sie euch. Wiewohl ich fast weiß, daß ich eben deshalb verhaßt bin. Welches eben ein Beweis ist, daß ich die Wahrheit rede, und daß dieses mein übler Ruf ist und dies die Ursachen davon sind. Und wenn ihr, sei es jetzt oder in der Folge, [b] die Sache untersucht, werdet ihr es so finden.

5. Gegen das nun, was meine ersten Ankläger geklagt haben, sei diese Verteidigung hinlänglich vor euch. Gegen Meletos aber, den guten und vaterlandsliebenden, wie er ja sagt, und gegen die späteren will ich hier nächst versuchen, mich zu verteidigen. Wiederum also laßt uns, wie sie denn andere Ankläger sind, nun auch ihre beschworene Klage vornehmen. Sie lautet aber etwa so: Sokrates, sagt er, frevle, indem er die Jugend verderbe und die Götter, welche der Staat annimmt, nicht annehme, sondern anderes, neues, [c] Daimonisches. Das ist die Beschuldigung, und von dieser Beschuldigung wollen wir nun jeden einzelnen Punkt untersuchen. Er sagt also, ich frevle durch Verderb der Jugend. Ich aber, ihr Athener, sage, Meletos frevelt, indem er mit ernsthaften Dingen Scherz treibt und leichtsinnig Menschen aufs Leben anklagt und sich eifrig und besorgt anstellt für Gegenstände, um die doch dieser Mann sich nie im

24

oin bledsenn voixuamd. vo de, de do geng mid aufdren hand, homze da Meletos & da Anytos & da Lykon an häidan viarado: da Meletos hoze weng de dichda muaz aufbulln miassn, da Anytos {24a} zweng de hond-weagga & zweng de bolidegga & da Lykon hoze fia de, de fias ren zoid weand, as zeig kaud. jo & wia e eam scho glei an ofong xogd ho, wass wiaggle a wuna, wonne eng a deara kuazn zeid den bledsenn ausren kundd, dea wia a nesdhenn scho long in engane scheln sizzd.

bassz auf, leidl, iazd wisszes, wiass wiaggle is, i ho nix unddan disch kaud, nix wichdex, owa a nix, wo ama dengd hed, do wass e oading, & bladl hone a koas voan mai kobd. owa i woass a, dassme genau zweng dem ned vabuzzn kinnz, & do siagdmas a genau, dase dwoaheid sog & dass des is, woss ma viaschmeissz & das des a da grund is. & obs eng des iazd oda schbeda amoi duachn kobf ge lossz – iagendwonn weaz scho dahindda kem-ma, [b] dass a so is.

5. des moane, is fias easchde amoi sochad gnua, geng de, de glei von ofong ou iwa mi heagfoin hand. meara brauchz do iazd ned. gengan Meletos owa, dea e oiss guidd bei eng, deasse säim voddalonzfreind nennd, & geng oille ondan, de donn schbeda nu aufgschbrunga hand, wiass geng mi losquedad homd, geng de mechddame iazd auf dfiass schdoin. nemama oiso des zedlwere hea & schauma unsas nuamoi ou, doama owa, wia wonn des iazd gons ondane wand, dema shaggl as greiz hau mechddnd. & wos schded do drinn?

da Sokrates, hoassz do, vaduad uns de junga leid, glaubd nix mea & ea suachze säim gons ondane [c] gödda aus, wia wos da schdod ausxuachd hod, & des deaf oafoch ned sei. genau des iss, wossma via-schmeissnd & de gschichd schauma uns iazd midanod ou, sche no da rei.

dscheasd hoiddama amoi via, i vadua de junga leid, & des, moada, deaf ned sei. bassz auf, leidl, mia owa kimmd via, das des ned sei deaf, wos da Meletos duad,

geringsten bekümmert hat. Daß sich aber dies so verhalte, will ich versuchen, auch euch zu zeigen.

6.a) Her also zu mir, Meletos, und sprich! Nicht wahr, dir ist das sehr wichtig, [d] daß die Jugend aufs beste gedeihe?

Mir freilich.

So komm also und sage diesen, wer sie denn besser macht? Denn offenbar weißt du es doch, da es dir so angelegen ist. Denn den Verderber hast du wohl aufgefunden, mich, wie du behauptest, und vor diese hergeführt und verklagt: so komm denn und nenne ihnen auch den Besserer und zeige an, wer es ist! Siehst du, o Meletos, wie du schweigst und nichts zu sagen weißt? Dünkt dich denn das nicht schändlich zu sein und Beweis genug für das, was ich sage, daß du dich hierum nie bekümmert hast? So sage doch, du Guter, wer macht sie besser?

Die Gesetze. [e]

Aber danach frage ich nicht, Bester, sondern welcher Mensch, der freilich diese zuvor auch kennt, die Gesetze.

Diese hier, o Sokrates, die Richter.

Was sagst du, o Meletos? Diese hier sind imstande, die Jugend zu bilden und besser zu machen?

Ganz gewiß.

Etwa alle? Oder einige nur von ihnen, andere aber nicht?

Alle.

Herrlich, bei der Hera gesprochen! Und ein großer Reichtum von solchen, die uns im Guten fördern! Wie aber, machen auch diese Zuhörer [25a] sie besser oder nicht?

wei des koa gaude is, wonna leid so mianixdianix voas grichd ziddiad, & donn nu duad a, wia wonn ea dea wa, deasse scho oiwei um oiss grandd hed, wos eam in wiagglechkeid owa sowos vo wuaschd quen is. browiamas aus, obe enx ned do eaglean ko, dass a so is.

6.a) iazd mechdde vo dia hean, Meletos: dia liegd jo vui dro, das de junga leid [d] amoi hoiwex grond, oda?

jo.

guad, donn sox owa a de leid do, wea iazd de junga bessa mochd! wei wissn weasddas jo, weisdde jo ranzd drum. wei den, deass vaduad, den hosdd jo gfundn, soxd hoid: nemle mi & den losdd voalona & den diwezd ou. iazd nennzdma owa nu glei den a hea, dea de junga bessa mochd & sox a de ondan a glei, wea des is! siaxdas, Meletos, wiassd iazd auf oamoi dei mai hoin kosdd, weissd nix woassd drauf. & wia kimmzda iazd säim via? moasd ned, dassd iazd frei a weng bled doschdesd, & ho e ned rechd, wonne sog, dassde um des an dreg grandd hosdd? rugg aussa damid: wea mochz iazd bessa?

sxez. [e]
mei liawa, um des honade owa iazd ned gfrogd. i frogadde um leid, um oa, dese bein xez a a weng auskennand.

de do, Sokrates, drichda.

wos moasd iazd, Meletos? du buizda ei, de hend des zeig, dass de junga eaziagnd & bessa mochand?

jo freile.

moasdd iazd do oille, oda grod a boa vo eana, ondane donn wieda ned.

de oille.

des hosdd sche xogd, Hera schau owa, a so an haufn & laudda gschiggde kambben. & wia moasdd des iazd? de leid, de do heid zuschaund [25a], kinnanz de a bessa mocha, oda e ned?

de a.

27

Auch diese.

Und wie die Ratmänner?

Auch die Ratmänner.

Aber, o Meletos, verderben nicht etwa die in der Gemeinde, die Gemeindemänner, die Jugend? Oder machen auch diese alle sie besser?

Auch diese.

Alle Athener also machen sie, wie es scheint, gut und edel, mich ausgenommen; ich aber allein verderbe sie. Meinst du das so?

Allerdings gar sehr meine ich es so.

In eine große Unseligkeit verdammst du mich also! Antworte mir aber, dünkt es dich mit den Pferden auch so zu stehen, [b] daß alle Menschen sie bessern und nur einer sie verdirbt? Oder ist nicht ganz im Gegenteil nur einer geschickt, sie zu bessern, oder wenige, die Zureiter, die meisten aber, wenn sie mit Pferden umgehen und sie gebrauchen, verderben sie? Verhält es sich nicht so, Meletos, bei Pferden und allen andern Tieren? Allerdings so, du und Anytos mögen es nun leugnen oder zugeben. Gar glückselig stände es freilich um die Jugend, wenn einer allein sie verderbte, die andern aber alle sie zum Guten förderten. Aber, Meletos, [c] du zeigst eben hinlänglich, daß du niemals an die Jugend gedacht hast, und offenbarst deutlich deine Gleichgültigkeit, daß du dich nie um das bekümmert hast, weshalb du mich hierher forderst.

6.b) Weiter, sage uns doch beim Zeus, Meletos, ob es besser ist, unter guten Bürgern zu wohnen oder unter schlechten? Lieber Freund, antworte doch! Ich frage dich ja nichts Schweres. Tun die Schlechten nicht allemal denen etwas Übles, die ihnen jedesmal am nächsten sind, die Guten aber etwas Gutes?

Allerdings.

& de, de za de fünfhundad keand, de de beomddn undda eana homd, wos is mid de donn?

jo, de a.

& leichd de vo da voixvasommlung a, vadoand de de junga leid, oda mochands a de bessa?

de a.

oiso, no dein dafiahoin schauz iazd auf oamoi a so aus, wia wonn oille onschdendege leid aus de junga mocha kunddn, aussa mia – i aloa bi donn dea, deass vaduad. a so hosddas jo gmoad, oda?

jo gons genau, a so hones gmoad.

des is owa iazd a gscheide dedschn fia mi. sogma oas: moasd, dass iazd mid ressa genauaso is, wia mid de leid? [b] das auf oamoi de gonz wäid dressa bessa mocha kundd. & grod oa oazega, dea vadaz iazd aufoamoi? moasdd ned, dass genau umkead is? dass, womas genau nimmd, grod oana bessa mocha ko, oda a boa hoid, droszichdda nemle, & das de mearan, de ma za de ros zuwelosd, dass de vadoand? &, Meletos, iss ned aso, dass mid de ressa genauaso is, wia mid oin, wos lebd? jo genau aso iss, gons wuaschd, obses iazd zugebz oda ned, du & da Anytos. do ganx a de junga leid jo gons bessa, wonns grod oan gab, deass vaduad & wonn eana de ondan oille häifaddnd. du owa, [c] Meletos, lossdas gscheid okenna, dassde dei lebda nu nia um de junga leid gschead hosdd, weiss da gons oading hand, genauso, wiassda oading is, zweng wosdme voas grichd heazan hosdd lossn.

6.b) &, Meletos sog unsas iazd, wos is bessa: woma leid um seina ume hod, de so hoiwex bassnd oda wonnsd mid laudda faloddn zdoan hosd? sogmas iazd, wei dfrog säim is jo ned schwa. iss ned a so, das a schlechda mensch sein nochboan gons sche wos oschau losd & a guada owa ned?

des scho.

Gibt es also wohl jemanden, der von denen, mit welchen er umgeht, [d] lieber geschädigt sein will als gefördert? Antworte mir, du Guter. Denn das Gesetz befiehlt dir zu antworten. Will wohl jemand geschädigt werden?

Wohl nicht.

Wohlan denn, forderst du mich hierher als Verderber und Verschlimmerer der Jugend, so daß ich es vorsätzlich sein soll oder unvorsätzlich?

Vorsätzlich, meine ich.

Wie doch, o Meletos, soviel bist du weiser in deinem Alter als ich in dem meinigen, daß du zwar einsiehst, wie die Schlechten allemal denen Übles [e] zufügen, die ihnen am nächsten sind, die Guten aber Gutes; ich aber es so weit gebracht habe im Unverstande, daß ich auch das nicht einmal weiß, wie ich, wenn ich einen von meinen Nächsten schlecht mache, selbst Gefahr laufe, Übles von ihm zu erdulden? So daß ich mir dieses große Übel vorsätzlich anrichte, wie du sagst? Das glaube ich dir nicht, Meletos, ich meine aber, auch kein anderer Mensch glaubt es dir; sondern entweder ich verderbe sie gar nicht, oder ich verderbe sie unvorsätzlich, [26a] so daß du doch in beiden Fällen lügst. Verderbe ich sie aber unvorsätzlich, so ist es solcher und zwar unvorsätzlicher Vergehungen wegen nicht gesetzlich, jemand hierher zu fordern, sondern ihn für sich allein zu nehmen und so zu belehren und zu ermahnen. Denn offenbar ist, daß, wenn ich belehrt bin, ich aufhören werde mit dem, was ich unvorsätzlich tue. Dich aber mit mir einzulassen und mich zu belehren, das hast du vermieden und nicht gewollt, sondern hierher forderst du mich, wohin gesetzlich ist, nur die zu fordern, welche der Züchtigung bedürfen und nicht der Belehrung.

6.c) Doch, ihr Athener, das ist wohl schon offenbar, was ich sagte, daß [b] sich Meletos um diese Sache nie weder

wos eawoaze nochand oana vo de leid, mid dera zdoan hod, [d] dass ebbs hirichdnd oda dass ebbs hearichdnd? sogmas iazd, du muasdmas sogoa song, wei an xezbiachl schdez a so drinn. moasdd, dass a de leid iazd liawa is, wonns draufzoind mid de nochboan?

na, auf koan foi.

guad – & du brinxdme owa voas grichd, wei e de junga leid obsichddle vadiab & schlechda moch, oda moasdd ebba, i daz unobsichddle?

obsichddle duasdas!

wos, Meletos? fia dei oidda bisdd um a drum gscheida wia i: wei du hosddas iwarissn, das de schlechdekeid vo oan [e] weid iwan gadlzau umeglongd, auf da ondan seidd dguadheid owa a, & bei mia buizda ei, feiz iazd scho so weid, dase des a nimma midgriag? dase des nimma iwareis, wonne aus oan, mid dene zdoan ho, an hodalumbbm moch, säim da easchd bi, dea draufzoid? & sowos, buizda ei, dadama säim ou? na Meletos, des nimmada ned ou & i moa, do bine ned aloa. enddweda vadua e koan, donn bassz, wonne owa iazd do wem vadua, donn ned obsichddle. gons wuaschd, wiamas iazd drand, es kimmd oiwei aufs gleiche ausse, nemle dassd liaxd. iazd songma amoi, i dua des wiaggle, [26a] owa ned obsichddle, vaschdesd, donn hosdd owa a nix a da hendd geng mi, do kosddme donn zweng sowos a ned voas grichd zan. do kosdd hexddns, woma amoi wo zaumkemmand, song, »du, mid dia hede e wos« & kosdd ma donn sgschdoi a weng buzzn, owa des is scho oiss a. wei oas is scho gloa: wonn mia wea wos eaglead, donn lose scho zua & donn dua e des a nimma, wose bis iazd e ned amoi obsichddle do ho, vaschdesd? owa sowos hosdd du jo ned naoud, oda? wei onschdod dassd iazd za mia kammsd & mid mia redazd, losddme liawa do heabringa, dohea, wo grod leid ebbs valoan homd, de gschdrofd & ned gscheida gmochd keand.

6.c) bassz auf, leidl, iwa des oane, moane, brauchma iazd nimma ren, dasse [b] da Meletos um sechane viel noch wenig bekümmert hat! Indes aber sage uns, Meletos, auf welche Art du denn behauptest, daß ich die Jugend verderbe? Oder offenbar nach deiner Klage, die du eingegeben, indem ich lehre, die Götter nicht zu glauben, welche der Staat glaubt, sondern allerlei neues, Daimonisches. Ist das nicht deine Meinung, daß ich sie durch solche Lehre verderbe?

Freilich gar sehr ist das meine Meinung.

Nun dann, bei eben diesen Göttern, o Meletos, von denen jetzt die Rede ist, sprich noch deutlicher mit mir und mit diesen Männern hier. Denn ich kann nicht verstehen, [c] ob du meinst, ich lehre zu glauben, daß es gewisse Götter gäbe – so daß ich also doch selbst Götter glaube und nicht ganz und gar gottlos bin, noch also hierdurch frevle –, nur jedoch die nicht, welche der Staat, und ob du mich deshalb verklagst, daß ich andere glaube; oder ob du meinst, ich selbst glaube überhaupt keine Götter und lehre dies auch andere?

Dieses meine ich, daß du überhaupt keine Götter glaubst.

O wunderlicher Meletos! Wie kommst du doch darauf, dies zu meinen? Halte ich also auch weder [d] Sonne noch Mond für Götter, wie die übrigen Menschen?

Nein, beim Zeus, ihr Richter! denn die Sonne, behauptet er, sei ein Stein, und der Mond sei Erde.

Du glaubst wohl, den Anaxagoras anzuklagen, lieber Meletos? Und du denkst so gering von diesen und hältst sie für so unerfahren in Schriften, daß sie nicht wüßten, wie des Klazomeniers Anaxagoras Schriften voll sind von dergleichen Sätzen? Und also auch die jungen Leute lernen wohl das von mir, was sie sich manchmal für höchstens eine Drachme [e] in der Orchestra kaufen und dann den Sokrates auslachen können, wenn er für sein ausgibt, was überdies noch so sehr ungereimt ist?

sochan nia grandd hod. sogmas owa iazd, Meletos, wia
soide no dein daviahoin des iazd ogschdoid hom, des
leidvadoa do moane? oda schdez leid e a den wisch
drinn, denz do aufxezd hobz: dase xogd hed, ma soid
ned de do om, de an schdod an grom bassn, obeddn,
dafia owa ondane, neiche nemle? bisd ned du dea, dea
oiwei moad, dase genau mid den oille vadua?

gons genau, genau des moane.

Meletos, voa de do om, vo de iazd de gonz zeid dred is,
[c] voa mia & voa oille, de heid do hand, soizd unsas
iazd laud & deiddle eaglean. mia gez nemle oiwei nu
ned a mein schedl ei, obsd du iazd wiaggle moasdd, i
glauwad scho an oa do om (& i glaubs a, dass do om oa
gibd, i schdreiz jo goa ned ou, & a so xäing bine donn e
scho ausn schneida), hoid ned an sechane, de uns da
schdod viaschreibd, dafia owa an gons ondane. des iss
jo, wossdma de gonz zeid viahoizd. oda buizda leid
wiaggle ei, dase an iwahaubd koa vo do om glaub &
dase des a de ondan nu eired a.

jo genau des moane, dassd du iwahaubd an koa vo do
om glaubsd.

na i woass ned, du bisd scho a weng a gschboassega
kund, Meletos. worum rezd iazd a so an schmoan dahea?
no dein dafiahoin glauwade donn a ned, [d] das dsunn
& da moschei gödda hand – wos de ondan leid noddiale
scho oille glaumd.

jo freile, hea rod.

ea behaubd a schdog & schdeif, dass dsunn aus schdoana
is & da moschei is aus kaoud. na biddegoasche Meletos,
iazd buizda leid nu ei a, dassd mid a so an gredad an
Anaxagoras aufmocha kosd? moasdd leid wiaggle, dassd
do laudda so geisdege noggabazen um di ume hosdd
& dass vo de koana glesn hed, das an Anaxagoras vo
Klazomenai seine biachl frei iwagend mid laudda so
sochan? & des moasd, leanand de junga iazd a bei mia –
sochan, dessd hia & do fia a boa zquedschde [e] bei de

Also, beim Zeus, so ganz dünke ich dich, gar keinen Gott zu glauben?

Nein, eben, beim Zeus, auch nicht im mindesten.

Du glaubst wenig genug, o Meletos, jedoch, wie mich dünkt, auch dir selbst. Denn mich dünkt dieser Mann, ihr Athener, ungemein übermütig und ausgelassen zu sein und ordentlich aus Übermut und Ausgelassenheit diese Klage wie einen Jugendstreich angestellt zu haben. Denn es sieht aus, [27a] als habe er ein Rätsel ausgesonnen und wollte nun versuchen: «Ob wohl der weise Sokrates merken wird, wie ich Scherz treibe und mir selbst widerspreche in meinen Reden, oder ob ich ihn und die andern, welche zuhören, hintergehen werde?» Denn dieser scheint mir ganz offenbar sich selbst zu widersprechen in seiner Anklage, als ob er sagte: Sokrates frevelt, indem er keine Götter glaubt, sondern Götter glaubt, wiewohl einer das doch nur im Scherz sagen kann!

6.d) Erwägt aber mit mir, ihr Männer, warum ich finde, daß er dies sagt. Du aber antworte uns, o Meletos. Ihr aber, was ich euch von Anfang an gebeten habe, denkt daran, mir kein Getümmel zu erregen, wenn ich auf meine gewohnte Weise die Sache führe. [b] Gibt es wohl einen Menschen, o Meletos, welcher, daß es menschliche Dinge gebe, zwar glaubt, Menschen aber nicht glaubt? Er soll antworten, ihr Männer, und nicht anderes und anderes Getümmel treiben! Gibt es einen, der zwar keine Pferde glaubt, aber doch Dinge von Pferden? Oder zwar keine Flötenspieler glaubt, aber doch Dinge von Flötenspielern? Nein, es gibt keinen, bester Mann; wenn du nicht antworten willst, will ich es dir und den übrigen hier sagen. Aber das nächste beant-

buachhondla am moagdbloz zkaufn oda zhean griaxd? dassase donn iwan Sokrates ohaund, wonna moad, das des auf sein misdd quoxn is, weiss nu sowos varuggz a is? & sowos, Zeus schau owa, sowos denxd du vo mia: sowos drauazdma wiaggle zua, dase an goa koan vo de do om glaub?

genau, an iwahaubd nix glaubsd, & da Zeus kos bezeing.

di komma ned fia voi nema Meletos, & wos des oged moane, iss ned amoi so guad, wonnsdas säim duasd. wei, bassz auf, leidl, mia kimmd via, dea beasch is weida nix wia grod a weng a schdichla, dea den wisch do vo laudda ned wissn, wos nu, gschrim hod, & jung & dumm is a hoid a nu. ea wa jo boid wia oana, [27a] dease a rezzl ausdengd hod, mid dena ausbrowian mechdd, obs da Sokrates, de oid laousn, iwareissd, dasa e grod an schmee mochd & eiganddle sgengdei vo eam säim is, oda kora eam & oille ondan, de do zuheand, fian noan hoin? i komma gons oafoch ned häifn, owa fia mi schauz aus, wia wonn bei den wisch, dena do aufxezd hod, da schus no hindd laousgang. wei wonnsd iazd soxd: »da Sokrates duad wos, wosse ned kead, weira ned an de do om glaubd, owa dafia do an de do om glaubd.« do dengma, sowos ko oana grod bea gaude song.

6.d) bassz auf, leidl, schauma unsas iazd midanod ou, wiara des moad. owa du muasd scho wos draufsong a, Meletos, wonnsd gfrogd wiassd. & es, es dengz iazd an des, wose eng scho von olla ofong ou [b] xogd ho, & bleazma ned drei, wonne iazd a so red, wia es qued bi.

Meletos, ko oana ebbs iwa leid ren, owa dass iwahaubd leid gibd, des schdreidda ou? na, vo eam mechddes hean, leidl, ea soid wos draufsong, ned oiwei grod grachelan! woma ned glaubd, dass ressa gibd, koma donn ebbs iwa ressa song? oda browiamas ondas, konne heage & song, i glaubs ned, dass oa gibd, de flöddn schbuind, & donn soge, dea hed szeig za an flöddnschbiela. na mei liawa, des ged ned. & wonnsd

worte: Gibt es einen, welcher zwar, daß es daimonische Dinge gebe, [c] glaubt, Daimonen aber nicht glaubt?

Es gibt keinen.

Wie bin ich dir verbunden, daß du endlich, von diesen gezwungen, geantwortet hast. Daimonisches nun behauptest du, daß ich glaube und lehre, sei es nun neues oder altes, also Daimonisches glaube ich doch immer nach deiner Rede? Und das hast du ja selbst beschworen in der Anklageschrift. Wenn ich aber Daimonisches glaube, so muß ich doch ganz notwendig auch Daimonen glauben. Ist es nicht so? Wohl ist es so! Denn ich nehme an, daß du einstimmst, da du ja nicht antwortest.

Und die Daimonen, halten wir die nicht für Götter [d] entweder, oder doch für Söhne von Göttern? Sagst du ja oder nein?

Ja, freilich.

Wenn ich also Daimonen glaube, wie du sagst, und die Daimonen sind selbst Götter, das wäre ja ganz das, was ich sage, daß du Rätsel vorbringst und scherzest, wenn du mich, der ich keine Götter glauben soll, hernach doch wieder Götter glauben läßt, da ich ja Daimonen glaube. Wenn aber wiederum die Daimonen Kinder der Götter sind, unechte von Nymphen oder andern, denen sie ja auch zugeschrieben werden: welcher Mensch könnte dann wohl glauben, daß es Kinder der Götter gäbe, Götter aber nicht? Ebenso ungereimt wäre das ja, [e] als wenn jemand glauben wollte, Kinder gebe es wohl von Pferden und Eseln, Maulesel nämlich, Esel aber und Pferde wollte er nicht glauben, daß es gäbe. Also, Meletos, es kann nicht anders sein, als daß du, entweder um uns zu versuchen, diese Klage angestellt hast, oder in gänzlicher Verlegenheit, was für ein wahres Verbrechen du mir wohl anschuldigen könntest. Wie du aber irgend einen Menschen, der auch nur ganz wenig Verstand hat, überreden willst, daß ein und derselbe

scho du nix soxd, donn weadas i song & a de ondan a glei. owa oas mechdde vo dia hean: komma des glaum, [c] dass ebbs vo de do om gibd, de säim owa goa ned do wand?

na, des koma ned.

des is a schena zug vo dia, dassd endle amoi dei mai aufgmochd hosdd, weiss koa rua gem homd bei dia hindd. du buizda do fesdd ei, dase an sochan glaub, de vo do om kemmand & dases undda dleid a nu bring, gons wuaschd ob des iazd oide oda neiche hand. guad, du soxd auf jen foi, dase an sowos glaub, & a den wisch drinn, do schdez nu schwoaz auf weis a. wonne owa iazd an sochan vo do om glaub, donn gezase ned ondas aus, wia dase an de do om a glaub, oda ned?

jo.

wonnsd iazd nix draufsoxd, donn hoasd des fia mi nix ondas, wia dassdma eiganddle e rechd gibsd. de do drinn owa, [d] de hand jo fia uns de gleichn wia de do om, jo vielleichd ned gons aso, songma vomiaraus wia de kinda vo de do om. schdimmz?

jawoi.

jo wos iazd? wonne an de do drinn glaub – & des schdreizd jo e ned ou – & wonn de do drinn so ebbs wia de do om hand, donn hama genau duadd, wose dscheasd scho a deinex rezzl gnennd ho. weissd soxd, dase ned an de do om glaub, iagndwia owa scho wieda, wei e jo an de do drinn glaub. wonn owa iazd de do drinn kinda vo de do om hand, a bonggad vomiaraus, vo so an weiwaleid vo do om, oda vo ondane, vo dess friaa oiwei vazoid homd. wea is iazd wiaggle so bled, dasase heaschdoid & sogd, kinda vo de do om gibz, des is quis, owa de do om säim, de gibz ned? des wa genauaso a grombf wia wonne sogad, [e] heissl & gloane esln gibz scho, ressa & graousse esln owa e ned. na, Meletos, des dageze iazd ned ondas: enddweda hezd uns iazd aus-browian meng, wiassd des bobial do geng mi aufxezd hosdd, oda du hosddas säim ned amoi genau quisdd,

37

Mensch Daimonisches und Göttliches glaubt [28a] und wiederum derselbe doch auch weder Daimonen noch Götter noch Heroen, das ist doch auf keine Weise zu ersinnen.

7. Jedoch, ihr Athener, daß ich nicht strafbar bin in Beziehung auf die Anklage des Meletos, darüber scheint mir keine große Verteidigung nötig zu sein, sondern schon dieses ist genug. Was ich aber bereits im vorigen sagte, daß ich bei vielen gar viel verhaßt bin, wißt ihr, das ist wahr. Und das ist es auch, dem ich unterliegen werde, wenn ich unterliege, nicht dem Meletos, nicht dem Anytos, sondern dem üblen Ruf und dem Haß der Menge, dem auch schon viele andere treffliche Männer unterliegen mußten und, glaube ich, noch ferner unterliegen werden, [b] und es ist wohl nicht zu besorgen, daß er bei mir sollte stehenbleiben. Vielleicht aber möchte einer sagen: Aber schämst du dich denn nicht, Sokrates, daß du dich mit solchen Dingen befaßt hast, die dich nun in Gefahr bringen zu sterben? Ich nun würde diesem die billige Rede entgegnen: Nicht gut sprichst du, lieber Mensch, wenn du glaubst, Gefahr um Leben und Tod müsse in Anschlag bringen, wer auch nur ein weniges nutz ist, und müsse nicht vielmehr allein darauf sehen, wenn er etwas tut, ob es recht getan ist oder unrecht, ob eines rechtschaffenen Mannes Tat oder eines schlechten. Denn Elende wären ja nach deiner Rede [c] die Halbgötter gewesen, welche vor Troja geendet haben, und vorzüglich vor andern der Sohn der Thetis, welcher, ehe er etwas Schändliches ertragen wollte, die Gefahr so sehr verachtete, daß er – obgleich seine Mutter, die Göttin, als er sich aufmachte, den Hektor zu töten, ihm so ungefähr, wie ich glaube, zuredete: Wenn du, Sohn, den Tod deines Freundes Patroklos rächst und den Hektor tötest, so mußt du selbst sterben; denn, sagte sie, alsbald nach Hektor ist dir dein Ende geordnet – er dieses hörend also dennoch

wiassdma iazd wiaggle kemma mechsd. dassd owa iazd heagesd & a jen, wonna a grod a bazzl hian hod, eirezd, da oa & dasäi ko ned an ebbs vo de do drinn & an ebbs vo de do om glaum, genauaso wiass ned gang, das oana an de de drinn & an de do om ned glaubd [28a] & an ledege göddabuam a ned, des dageze gons oafoch ned.

7. oiso bassz auf, leidl, dase nix urechz do ho, wiass a den schrieb do drinnschded, den da Meletos geng mi zaumschdobben hod lossn, do moane, brauchma iazd nimma longmechdde umanodren – i moa iazd duazes. & wose do dscheasd xogd ho, dasama bei vui leid an vadrus einkondlnd ho, des schdimmd wiaggle, des kinnzma glaum. & genau des iss, wosma sgreiz brecha ko, sunsd scheiche e nix, a ned an Meletos oda an Anytos, hexddns mein schlechdn ruaf & de sochan, dessma a so nu zuwedrand. wei genau des iss, mid dens voa mia scho an haufn ondane, de a ned urechd quen wand, owedrad homd, genau mid den weanses bei mia a browian. & es schaud a ned a so aus, [b] wia wonn eam aggrad i auskamm.

do wead iazd da oa oda da onda song: »jo Sokrates, hosdd leid du iwahaubd koan scheniara nimma, dassd iazd scho sochan mochsd, de da slem kosddn kinnand?« do wuadde owa smai ned hoin, & i moa a mid rechd, & za den sogade donn scho, na mei liawa, des bassd ned, wonnsd moasd, oana soid oiwei grod auf des schau, ob des sein goaslem e ned schon ko, wonna ebbs duad. ea soize häida um des randdn, obse des iazd kead oda ned, owa onschdende is oda a hodalumbb. wei wonns no den gang, wiasdda du des viaschdoisd, donn wand de [c] ledeng göddabuam, de zTroja gfoin hand, grod a xod leid, iwahaubd a da Thetis sei su. wei dea hod oiss dessäi gschicha, wos grod a weng no schond gschmegd hod. sei muadda, de jo oane vo do om quen is, de hed eam so guad zugredd, dasa an Hektor ned umbringa soid. genau konnes ned song, owa mischeid soiz za eam xogd hom: »bass auf bua, wonnsd iazd des wem hoamzoin

den Tod und die Gefahr gering achtete und, [d] weit mehr fürchtend, als ein schlechter Mann zu leben und die Freunde nicht zu rächen, ihr antwortete: «Möcht' ich sogleich hinsterben, nachdem ich den Beleidiger gestraft, und nicht verlacht hier sitzen an den Schiffen, umsonst die Erde belastend.» Meinst du etwa, der habe sich um Tod und Gefahr bekümmert? Denn so, ihr Athener, verhält es sich in der Tat. Wohin jemand sich selbst stellt in der Meinung, es sei da am besten, oder wohin einer von seinen Obern gestellt wird, da muß er, wie mich dünkt, jede Gefahr aushalten und weder den Tod noch sonst irgend etwas in Anschlag bringen gegen die Schande.

8. Ich also hätte Arges getan, ihr Athener, wenn ich, als die Befehlshaber mir einen Platz anwiesen, die ihr gewählt hattet, um über mich [e] zu befehlen bei Potidaia, bei Amphipolis und Delion, damals also, wo jene mich hinstellten, gestanden hätte wie irgendein anderer und es auf den Tod gewagt; wo aber der Gott mich hinstellte, wie ich es doch glaubte und annahm, damit ich in Aufsuchung der Weisheit mein Leben hinbrächte und in Prüfung meiner selbst und anderer, wenn ich da, den Tod oder irgend etwas fürchtend, aus der Ordnung gewichen wäre. [29a] Arg wäre das, und dann in Wahrheit könnte mich einer mit Recht hierher führen vor Gericht, weil ich nicht an die Götter glaubte, wenn ich dem Orakel unfolgsam wäre und den Tod fürchtete und mich weise dünkte, ohne es zu sein. Denn den Tod fürchten, ihr Männer, das ist nichts anderes, als sich dünken, man wäre weise, und es doch nicht sein. Denn es ist ein

mechsd, dass an Patroklos, dein schbezl, umbrochd homd & dafia iazd an Hektor duacheduasd, donn bisd owa du säim a boid um an kobf kiaza. donn nemle, bisd du da nexde«, soiz woaddwöaddle xogd hom. auf des auffe hodas owa ned mid da onxd zdoan griagd & hoze voan schdeam gfiachd. wosa [d] wiaggle gschicha hod, des is, dasa ois dedaleng weidalebd, deasses eana ned hoamzoin draud, dass an seineng freind umbrochd homd & drum hoda donn xogd: »auf da schdoi konne umfoin & daoud sei, wonnes a den hodalumbbm hoam-zoid ho, owa i mechdd ned, dasme do an hofn undd oille auslochand & mid de finga auf mi zoang, wei donn wa e e grod nu wos unedex auf deara wäid.« moasdd iazd, dasse dea vo wos obringa hed lossn, grod weira an daoud gschicha hod?

bassz auf, leidl, genauaso keazase. wosse oana hischdoid (oda vomiaraus a higschdoid wiad), & ea moad, das des fia eam bassd, do muasa donn a schdebleim, gons wuaschd, wos daheakimmd, one dasa glei as schdeam dengd, womas genau nimmd, deafa an nix häida denga, wia an sei schond.

8. bassz auf, leidl, des bassad a ned, wonne domois, wiame de engan aufgschdoid homd, [e] zPotidaia & zAmphipolis & zDelion, auf den bloz, wossme higschdoid homd, schneide schdeblim bi, wia so vui ondane a – iazd owa do, wome dea do om aufgschdoid hod (i homa hoid oiwei eibuidd, dasa gmoad hod, i soid filosof wean & mi & de ondan a weng ausfrong), wonne do aus laudda onxd voan schdeam [29a] oafoch davo-rennad. des wa scho oag & grund gnua, dassme zweng den voas grichd brachz. wei donn glauwade wiaggle ned an de do om, wei ame donn um des an dreg gschead hed, wossma vorausxogd homd, & i sschdeam wiaggle scheichad, & weiame fia gscheid hoidad, one dases wiaggle bi.

wei an daoud scheicha, leidl, des kimmd aufs gleiche ausse, wia womase fia gscheid hoidd, one dasmas is. wei

Dünkel, etwas zu wissen, was man nicht weiß. Denn niemand weiß, was der Tod ist, nicht einmal, ob er nicht für den Menschen das größte ist unter allen Gütern. Sie fürchten ihn aber, als wüßten sie gewiß, daß er das größte Übel ist. [b] Und wie wäre dies nicht eben derselbe verrufene Unverstand, die Einbildung, etwas zu wissen, was man nicht weiß. Ich nun, ihr Athener, übertreffe vielleicht um dasselbe auch hierin die meisten Menschen. Und wollte ich behaupten, daß ich um irgend etwas weiser wäre: so wäre es um dieses, daß, da ich nichts ordentlich weiß von den Dingen in der Unterwelt, ich es auch nicht glaube zu wissen; gesetzwidrig handeln aber und dem Besseren, Gott oder Mensch, ungehorsam sein, davon weiß ich, daß es übel und schändlich ist. Im Vergleich also mit den Übeln, die ich als Übel kenne, werde ich niemals das, wovon ich nicht weiß, ob es nicht ein Gut ist, fürchten oder fliehen.

So daß, wenn ihr mich jetzt lossprecht, [c] ohne dem Anytos zu folgen, welcher sagt, entweder sollte ich gar nicht hierher gekommen sein, oder nachdem ich einmal hier wäre, sei es ganz unmöglich, mich nicht hinzurichten, indem er euch vorstellt, wenn ich nun durchkäme, dann erst würden eure Söhne sich dessen recht befleißigen, was Sokrates lehrt, und alle ganz und gar verderbt werden; wenn ihr mir hierauf sagtet: Jetzt, Sokrates, wollen wir zwar dem Anytos nicht folgen, sondern lassen dich los, unter der Bedingung jedoch, daß du diese Nachforschung nicht mehr betreibst und nicht mehr nach Weisheit suchst; wirst du aber noch einmal darauf betroffen, [d] daß du dies tust, so mußt du sterben; wenn ihr mich also, wie gesagt, auf diese Bedingung losgeben wolltet, so würde ich zu euch sprechen: Ich bin euch, ihr Athener, zwar zugetan und freund, gehorchen aber werde ich dem Gotte mehr als euch, und solange ich noch atme und es vermag, werde ich nicht aufhören, nach Weisheit zu suchen und euch zu ermahnen und zu beweisen, wen von euch ich

donn moadma, ma woas wos iwa des, vo dema nix woas.
& iwan daoud woas jo koana wos, & ma woas a ned, ob
sschdeam ned weidaus des bessa wa fia oan. owa droz-
dem scheichans oille, wia wonnses genau wissaddnd,
das des des ollalezza is. & is ned [b] genau des da
gressde grombf, womase eibuidd, ma woas ebbs, woma
owa e nix woas? jo leidl, genau des is da unddaschied
zwischn mia & de mearan, & wonn owa i iazd moa, i bi
gscheida wia de ondan, donn ko des grod hoassn, dase
nix genaus woas, wiass do drendd ausschaud, dasemas
owa a ned eibuidd. ebbs doa, wosse ned kead & oan ned
barian, dea bessa is wia oas säim, gons wuaschd, ob des
leid hand oda oana vo do om, des is schlechd & des
schodda, des woase. owa i wea iazd ned heage & des doa,
vo dene e scho vo haus aus woas, dass schlechd is & des,
vo denama ned sicha bi, obs amendd ned sogoa guad is,
scheicha & eam ausn weg ge.

wonnzme es iazd renna lossz, [c] one dass long aufn
Anytos heaz, dea gschwind gmoad hod, i hed enddweda
goa ned aufgreizn brauchd do, oda, wei e em scho amoi
do bi, gez goa ned ondas, wia dassme zan daoud vaua-
ddeiz, & dea eng nu viagschmeddad a hod, oille engane
kinda wuaddnd amoi duach & duach vadou, wonne
lewad vo do wegkamm (wei jo de amoi oiss dessäi
daddnd, wos eana i viaxogd ho) – wonnz es do iazd
draufsogaz: »Sokrates, desmoi ko da Anytos song wosa
mog, mia lossnde renna, owa oas drongma uns scho aus,
du deafsd nimma iwa jen schmoan nodenga & ned jen
bledsenn am bom ge. oamoi owa, wommade do nu
dawischn, donn homade bein grawadl«, wonnzme wia
xogd [d] a so renna lossaz, donn sogade za eng: »bassz
auf, leidl, es haz ma e ned zwieda, owa wonns auf dha
ged, wea e do a den do om foing & ned eng. & solonges
daschnauf & solonxes von kobf hea daleidd, wea e ned
aufhean min filosofian & i wea mid a jen vo eng ren wia
mid an gronga ros & eng mid da nosn draufrenna & wia
es hoid qued bi, wea e song: »mei liawa, du bisd oana
vo Athen, vo da gressdn schdod, a schdod, wo gscheide

antreffe, mit meinen gewohnten Reden, wie: Bester Mann, als ein Athener, aus der größten und für Weisheit und Macht berühmtesten Stadt, schämst du dich nicht, für Geld zwar zu sorgen, wie du dessen aufs meiste erlangst, und für Ruhm und Ehre, [e] für Einsicht aber und Wahrheit und für deine Seele, daß sie sich aufs beste befinde, sorgst du nicht und hieran willst du nicht denken? Und wenn jemand unter euch dies leugnet und behauptet, er denke wohl daran, werde ich ihn nicht gleich loslassen und fortgehen, sondern ihn fragen und prüfen und ausforschen. Und wenn mich dünkt, er besitze keine Tugend, behaupte es aber: so werde ich es ihm verweisen, daß er das Wichtigste [30a] geringer achtet und das Schlechtere höher. So werde ich mit Jungen und Alten, wie ich sie eben treffe, verfahren, und mit Fremden und Bürgern, um soviel mehr aber mit euch Bürgern, als ihr mir näher verwandt seid. Denn so, wißt nur, befiehlt es der Gott.

Und ich meines Teils glaube, daß noch nie größeres Gut dem Staate widerfahren ist als dieser Dienst, den ich dem Gott leiste. Denn nichts anderes tue ich, als daß ich umhergehe, um jung und alt unter euch zu überreden, ja nicht für den Leib und für das Vermögen [b] zuvor noch überhaupt so sehr zu sorgen wie für die Seele, daß diese aufs beste gedeihe, indem ich zeige, daß nicht aus dem Reichtum die Tugend entsteht, sondern aus der Tugend der Reichtum und alle andern menschlichen Güter insgesamt, eigentümliche und gemeinschaftliche. Wenn ich nun durch solche Reden die Jugend verderbe, so müßten sie ja schädlich sein; wenn aber jemand sagt, ich rede etwas anderes als dies, der sagt nichts. Demgemäß nun, würde ich sagen, ihr Athenischen Männer, gehorcht nun dem Anytos oder nicht, sprecht mich los oder nicht, aber seid gewiß, daß ich auf keinen Fall anders handeln werde, und müßte ich [c] noch so oft sterben.

leid dahoam hand, de a wos zan song homd, & do isdda
ned zbled, dassde grod drum ranzd, das sgäid oiwei
meara wiad & wosdd [e] ge nu oiss oschdoin kunnsd,
das dleid songd, mensch, des is oana, owa dwoaheid &
dvanunfd, de kinnanda an bugl oweruddschn. & dass do
drinn bei dia a hihaud, des isdda oading, oda?« wonn
owa iazd oana vo eng des oschdreidd & sogd, dasase e
um des a randd, donn wea e den ned oafoch ziang lossn,
do wea en scho voahea nu a weng frong & ausflaschln,
& wonne eam donn dahindda kimm, dasa koan keaze
hod, obwoi a de gonz zeid davo redd, donn wea e eam
scho sgschdoi buzzn, wei des, wos des wichdega wa,
[30a] bei eam gons aufdlezd kimmd, & dlowekeid, de
wa donn aufoamoi woasgodwos. & des wea e bei de
junga & bei de oin doa, gons wuaschd wia es hoid
dawisch, bei de zuagroasddn & bei de doseng, & bei eng
dosege noddiale an häidan, weiss jo braggdesch za mein
gfreinddarad keaz. & zweng oan kinnz eng a sicha sei,
oschoffn duadma des dea do om, & i drauma zweddn,
das a deara schdod nix bessas bassian hod kinnd, wia
dasame fia den do om a so as zeig schmeis. wei, dawei
ma i fia eng do dhaxn ausreis, dua e jo nix ondas, wia
dase eng, de jingan & a de oidan, vo den obringa mechd,
dass eng grod ums guadge und um enga geaschdl ranz,
[b] onschdod dass schauz, dass do eiwendedrinn a oiss
bassd. wei des oane mechdde eng scho song, wonnsd an
haufn gäid auf da seidd hosdd, zweng den bisd nu long
koa bessana mensch, jo genau umkead iss: wonnsd an
keaze hosdd, donn kimmd oiss ondane vo eam säim, &
des guidd ned grod fia di aloa, des guidd fia oille.
wonns iazd hoasd, dase mid den de junga leid vadua,
donn duazes owa scho leichd a bei eng. wonn iazd owa
oana moad, dase ebbs ondas sog wia des, donn redda an
kas dahea.« bassz auf, leidl, rema nimma long uman
brei ume: obs iazd aufn Anytos heaz oda ned, obs mi
iazd auslossz oda ned, mi kinnz ned umdra, so ofd [c]
kinnzme goa ned umbringa.

9. Kein Getümmel, ihr Athener, sondern harrt mir aus bei dem, was ich euch gebeten, mir nicht zu toben über das, was ich sage, sondern zu hören. Auch wird es euch, glaube ich, heilsam sein, wenn ihr zuhört. Denn ich bin im Begriff, euch noch manches andere zu sagen, worüber ihr vielleicht schreien möchtet; aber keineswegs tut das. Denn wißt nur, wenn ihr mich tötet, einen solchen Mann, wie ich sage, so werdet ihr mir nicht größeren Schaden zufügen als euch selbst. Denn Schaden zufügen wird mir weder Meletos noch Anytos im mindesten. Sie könnten es auch nicht; denn es ist, glaube ich, nicht in der Ordnung, daß dem besseren Manne von dem schlechteren Schaden geschehe. [d] Töten freilich kann mich einer, oder vertreiben oder des Bürgerrechtes berauben. Allein dies hält dieser vielleicht und sonst mancher für große Übel, ich aber gar nicht; sondern weit mehr dergleichen tun, wie dieser jetzt tut, einen andern widerrechtlich suchen hinzurichten.

Daher ich auch jetzt, ihr Athener, weit davon entfernt bin, um meiner selbst willen mich zu verteidigen, wie einer wohl denken könnte, sondern um euretwillen, damit ihr nicht gegen des Gottes Gabe an euch etwas sündigt durch meine Verurteilung. Denn wenn ihr mich [e] hinrichtet, werdet ihr nicht leicht einen andern solchen finden, der ordentlich, sollte es auch lächerlich gesagt scheinen, von dem Gotte der Stadt beigegeben ist, wie einem großen und edlen Rosse, das aber eben seiner Größe wegen sich zur Trägheit neigt und der Anreizung durch einen Sporn bedarf, wie mich der Gott dem Staat als einen solchen zugelegt zu haben scheint, der ich euch einzeln anzuregen, [31a] zu überreden und zu verweisen den ganzen Tag nicht aufhöre, überall euch anliegend. Ein anderer solcher nun wird euch nicht leicht wieder werden, ihr Männer. Wenn ihr also mir folgen wollt, werdet ihr meiner schonen. Ihr aber werdet vielleicht verdrießlich, wie die Schlummernden, wenn man sie aufweckt, um euch stoßen und mich, dem

9. bassz auf, leidl, bleazma iazd ned drei, lossmas dabei, wiama unsas ausgmochd homd. hauzma dneavn ned done, wonne wos sog, heazma liawa zua. wei i dengma, gons umasunsd iss ned fia eng, wonnzma zuaheaz. i wea eng iazd nu gons wos ondas vazoin, owa ned, dass donn schreiz wia a kaiwe. oiso reissz eng zaum. wonnzme es iazd umbringz, wei e no engan dafiahoin dea bi, wia e em sog, donn doaz ned mia wos zfleiss, na, donn schneiz eng as eigene fleisch. mia kinnands ned wedoa, da Meletos & da Anytos. [d] i moa, des schbuiz a goa ned, das a so a gfrasd leid in an guan menschn wiaggle wos odoa ko. freile, umbringa korame scho oda zweidexd fuaddschigga, ea kome a a so hearichdn, dase nimma undda dleid ge ko. des hand genau de sochan, dess do fia de gressde schdrof hoind, fia mi wasses ned, fia mi iss weidaus lezza, wosa iazd duad: dasa oille hewen in bewegung sezzd, dasa oan one grund umbringa losdd.

bassz auf, leidl, ned dass iazd moaz, i randdadme grod um mi säim, a womas ned fia megle hoidd – um eng duame weid häida owe, dass eng ned bei den do om vasindz, wonnzme iazd do vauaddeiz. wei wonnzme [e] iazd umbringz, donn weaz ned glei wieda an sechan finddn, den – i woass e, des heaze frei a weng kindesch ou – dea do om fia de schdod ausxuachd hod, wia wonn a graouss, rassex ros, des owa weng seina gressd scho frei a weng loamloggad is, oiwei a brem brauchd, dass gead wiad. & sowos, dengama, bi i a fia de schdod: oana, dea eng in oana dua a dhe jogd, guad auf eng eiredd, deass a a jen vo eng [31a] amoi gscheid eisogd & dea an gonzn liam dog iwaroi & oiwei auf eng draufgnoggd. bassz auf, leidl, dasse sowos nuamoi oana oduad, des brauchz eng ned eibuiddn. wonnz oiso auf mi hean mechz, donn miassz me iazd a renna lossn. owa es kemmzma via wia oa, de grod aufqueggd woan hand & de nu a weng dramhabbad hand, & donn hauz bled umanod, weiss aufn Anytos heaz & eam oiss noblabbalz, dase weidakearad & dabei dengz eng ned amoi wos. donn weaz owa an resdd vo engan lem nia mundda wean,

Anytos folgend, leichtsinnig hinrichten, dann aber das übrige Leben weiter fort schlafen, wenn euch nicht der Gott wieder einen andern zuschickt aus Erbarmen.

Daß ich aber ein solcher bin, der wohl von dem Gotte der Stadt mag geschenkt sein, [b] das könnt ihr hieraus abnehmen. Denn nicht wie etwas Menschliches sieht es aus, daß ich das meinige samt und sonders versäumt habe und es so viele Jahre schon ertrage, daß meine Angelegenheiten zurückstehen, immer aber die eurigen betreibe, an jeden einzeln mich wendend und wie ein Vater oder älterer Bruder ihm zuredend, sich doch die Tugend angelegen sein zu lassen. Und wenn ich hiervon noch einen Genuß hätte und um Lohn andere so ermahnte, so hätte ich noch einen Grund. Nun aber seht ihr ja selbst, daß meine Ankläger, so schamlos sie mich auch alles andern beschuldigen, [c] dieses doch nicht erreichen konnten mit ihrer Schamlosigkeit, einen Zeugen aufzustellen, daß ich jemals einen Lohn mir ausgemacht oder gefordert hätte. Ich aber stelle, meine ich, einen hinreichenden Zeugen für die Wahrheit meiner Aussage, meine Armut.

10. Vielleicht könnte auch dies jemanden ungereimt dünken, daß ich, um einzelnen zu raten, umhergehe und mir viel zu schaffen mache, öffentlich aber mich nicht erdreiste, in eurer Versammlung auftretend dem Staate zu raten. Hiervon nun ist die Ursache, was ihr mich oft und vielfältig sagen gehört habt, daß mir etwas Göttliches [d] und Daimonisches widerfährt, was auch Meletos in seiner Anklage spottend erwähnt hat. Mir aber ist dieses von meiner Kindheit an geschehen, eine Stimme nämlich, welche jedesmal, wenn sie sich hören läßt, mir von etwas abredet, was ich tun will, zugeredet aber hat sie mir nie. Das ist es, was sich mir widersetzt, die Staatsgeschäfte zu betreiben. Und sehr mit Recht scheint es mir sich dem zu widersetzen. Denn wißt nur, ihr Athener, wenn ich schon vor langer Zeit unternommen hätte, Staatsgeschäfte zu betreiben:

glaubzmas, aussa – wos noddiale a sei kundd –, den do om daboamz a so, dasa eng schdod meina an ondan schiggd. das owa agradd i des bi, den eng dea do om gschiggd hod, des ko e eng [b] a eaglean: moaz leid wiaggle, das a noamala mensch so bled is, das eam oiss dessäi, wos um eam ume is, so oading is. mei heisl schaud aus, das a da sau grausn mechdd (& des ned easchd seid gesddan), & fia eng renne umanod wia da schoas a da reiddan & redd auf a jen ei wia a vodda oda a oidana bruada, dasase drum randd, dasa hoiwex a feina mensch wiad. & wonn fia mi grod a weng wos aussaschauad dabei & wonne wos valongad dafia, donn wa das nu leichda zan eisäing. iazd leichz eng owa säim a ei: de, deme do ogschwiazzd homd, de laudda so ausgschamde sochan iwa mi vazoind, homd des gonze ned so weid dreim kinnd, [c] das eana oana heagschdonddn wa & eana an zeing ogem hed, dase a gäid ognumma hed oda wem um oas obumdd hed. i owa ho wos, womas scho vo ollawein siagd, dase dwoaheid sog: wei e nix ho, wei e a fredda bi.

10. a weng gschboasse weaz eng iazd scho viakemma, dase des a jen oazäina viavazoi, weissma ned zbled is, dase vo oan zan ondan ren & dasame ned bei da voixvasommlung voa eng oille hischdoin drau & mid eng red. des is grod zweng denn – & des hobz e voahea scho ofd gnua vo mia zhean griagd –, weime do a jezmoi ebbs eiwendex vo do om [d] iwakimmd, iwa des hod e da Meletos a scho bled zona miassn, wiara den wisch do geng mia aufsezzn hod lossn. owa i woas des scho vo gloa auf, do is a schdimm, de redd mid mia, & a jezmoi, wonns mid mia redd, donn rezma genau des aus, wose grod doa mechdd. dassma amoi wos eigredd a hed, des woase iwahaubd nu nia. & genau de schdimm is a da grund, worume mid da boledigg nix am huad ho, & i moa, des wead scho an sinn hom, dassma des ausredd. wei schauz hea leidl, wia friaa dasame mid da boledigg

so wäre ich auch schon längst umgekommen und hätte weder euch etwas genutzt noch auch mir selbst. Werdet mir nur nicht böse, wenn ich die Wahrheit rede.[e] Denn kein Mensch kann sich erhalten, der sich, sei es nun euch oder einer andern Volksmenge, tapfer widersetzt und viel Ungerechtes und Gesetzwidriges im Staate zu verhindern sucht: sondern notwendig muß, [32a] wer in der Tat für die Gerechtigkeit streiten will, auch wenn er sich nur kurze Zeit erhalten soll, ein zurückgezogenes Leben führen, nicht ein öffentliches.

11. Tüchtige Beweise will ich euch hiervon anführen, nicht Worte, sondern was ihr höher achtet, Tatsachen. Hört also von mir, was mir selbst begegnet ist, damit ihr seht, daß ich auch nicht einem nachgeben würde gegen das Recht aus Todesfurcht und daß ich, wenn ich das nicht täte, sogleich umkommen müßte. Ich werde euch freilich unangenehme und langweilige Geschichten erzählen, aber doch wahre. Ich nämlich, ihr Athener, habe niemals irgendein anderes Amt im Staate bekleidet, [b] nur zu Rate bin ich gesessen. Und eben hatte unser Stamm, der antiochische, den Vorsitz, als ihr den Anschlag faßtet, die zehn Heerführer, welche die in der Seeschlacht Gebliebenen nicht begraben hatten, sämtlich zu verurteilen, ganz gesetzwidrig, wie es späterhin euch allen dünkte. Da war ich unter allen Prytanen der einzige, der sich euch widersetzte, damit ihr nichts gegen die Gesetze tun möchtet, und euch entgegenstimmte. Und obgleich die Redner bereit waren, mich anzugeben und gefangenzusetzen, und ihr es fordertet und schriet: so glaubte ich doch, ich müßte lieber mit dem Recht und dem Gesetz [c] die Gefahr bestehen, als mich zu euch gesellen in einem so ungerechten Vorhaben aus Furcht des Gefängnisses oder des Todes. Und dies geschah, als im Staat noch das Volk herrschte.

Nachdem aber die Regierung an einige wenige gekommen, so ließen einst die Dreißig mich mit noch vier anderen auf die Tholos holen und trugen uns auf, den

obozd hed, wia friaa hezme a iwas messa schbringa lossn. & des hed eng [e] nix brochd & mia scho dscheasd ned. owa hazma iazd ned bes, wonne enx eale sog: sicha deafse jo heid koana mea sei, dasa ned duachedo wiad, wonnase voa eng oda gons wuaschd voa wem hischdoid & oin deife duad, das de gonzn sauarein a da schdod ned bassiand. [32a] weasse iazd wiaggle fia dgerechdekeid eisezzn mechdd, one dass eam glei an grong ged, dea muasse auf jen foi grod ois mensch voa eng hischdoin & auf koan foi ois bolidegga.

11. & fia des mechdde eng iazd beweise nenna, de a heahoind, ned grod sche dahearen, na, i mechdd enx song, wiass wiaggle is, wei des mechz jo, oda? biddgoasche, heaz eng des iazd ou, wosma neile amoi bassiad is, das eng des amoi eiged, dase nix scheich, wonns ums rechd ged, ned amoi an daoud & dase schdeam muas, wei snogem is ned des mei. wose eng iazd sog, is ned einx unddaheidle fia eng, des is schdoinweis gons sche zach, owa woa. bassz auf, leidl, i ho jo [b] nia a amddal kobd bei uns, grod gemeinderod bine amoi quen. & wiass hoid heaged, ho i mid meine leid a mid den zdoan kobd, wiass es de zen miledeaschedln in oan aufwoschn vauaddeid hez, weiss eanane leid dasaufn homd lossn, wia des griaxschiffe unddagonga is. non xez hez des owa ned deafn, schbeda hobzes donn oille eixäing. domois owa bi i nu da oazege quen, dea za de ondan xogd hod, dasma ebbs, wos vabon is, gons oafach ned duad & ho donn a dageng gschdimmd. & daweiss de vo eng, de smai oiwei an weidan ofdhomd, scho nimma dawoaddn homd kinnd, dase vahofd & ogfiad wia – es hobz e a oille fesdd midblead – do honama scho eibuidd, wonne sxez & [c] srechd auf meina seiddn ho, dase donn nix scheicha brauch, seischbian ned & sumbringa a ned.

iazd muasma owa dazuasong, das des nu in a zeid quen is, wia svoigg nu ogschofd hod. wiasse donn sbladl drad hod & grod nu a boa ogschofd homd, homz mia & in via

Salaminier Leon aus Salamis herzubringen, um ihn hin-
zurichten, wie sie denn dergleichen vieles vielen andern
auch auftrugen, um so viele als irgend möglich in Ver-
schuldungen zu verstricken. Auch da nun zeigte ich
wiederum nicht durch Worte, [d] sondern durch die
Tat, daß der Tod, wenn euch das nicht zu bäurisch
klingt, mich auch nicht das mindeste kümmerte, nichts
Ruchloses aber und nichts Ungerechtes zu begehen
mich mehr als alles kümmert. Denn mich konnte jene
Regierung, so gewaltig sie auch war, nicht so einschre-
cken, daß ich etwas Unrechtes tat. Sondern als wir von
der Tholos herunterkamen, gingen die viere nach
Salamis und brachten den Leon; ich aber ging meines
Weges nach Hause. Und vielleicht hätte ich deshalb
sterben gemußt, wenn nicht jene Regierung kurz da-
rauf wäre aufgelöst worden. Dies [e] werden euch sehr
viele bezeugen können.

12. Glaubt ihr wohl, daß ich so viele Jahre würde durch-
gekommen sein, wenn ich die öffentlichen Angelegen-
heiten verwaltet und, als ein redlicher Mann sie ver-
waltend, überall dem Recht geholfen und dies, wie es
sich gebührt, über alles gesetzt hätte? Weit gefehlt, ihr
Athener; und ebensowenig irgendein anderer Mensch.
[33a] Ich werde also mein ganzes Leben hindurch, wo
ich etwas öffentlich verrichtet, und ebenso auch für
mich als ein solcher erscheinen, daß ich nie einem je-
mals irgend etwas eingeräumt habe wider das Recht,
weder sonst jemand noch auch von diesen einem, die
meine Verleumder meine Schüler nennen. Eigentlich
aber bin ich nie irgend jemandes Lehrer gewesen; wenn
aber jemand, wie ich rede und mein Geschäft verrichte,
Lust hat zu hören, jung oder alt, das habe ich nie je-
mandem mißgönnt. Auch nicht etwa nur, wenn ich
Geld bekomme, unterrede ich mich, wenn aber keines,
dann nicht; [b] sondern auf gleiche Weise stehe ich dem
Armen wie dem Reichen bereit zu fragen, und wer da
will, kann antworten und hören, was ich sage. Und ob
nun jemand von diesen besser wird oder nicht, davon

ondane donn dbosd do, dasma za eana as omdd am moagdbloz kemma miassnd. duadd homz uns donn ogschofd, dasma an Leon vo Salamis heabringa soind, dassn umbringa kinnand. se homd owa a nu in oille megleng leid oin deife ogschofd, dass jo an haufn schuidege bei da hendd homd. domois hone [d] owa ned grod sche daheagredd, na, i ho eanas wiaggle zoagd, dasma mei lem (wonnsase iazd a a weng wuid ohead) oading is. i home grod um des grandd, dase jo nix dua, wosse ned kead. wei i home vo de heaschofddn ned as boxheandl jong lossn, dasame do iazd zweng de, wonns domois a woasgodwos quen hand, za wos hireissn hed lossn. & wiama donn bein omdd an oasch ausse drad kobd homd, do hand de ondan via auf Salamis ume & homd eana an Leon wiaggle zuwabrochd. i owa ho gschaud, dase weidakimm & bi hoamzua. es hed owa leichd sei kinnd, dassma zweng den an grong gonga wa, wonns de dreissge ned boid drauf oxagld hend. das des genauaso quen is, [e] des wissnd gnuag leid vo eng.

12. moaz es wiaggle, dass mi heid nu gab, wonne amoi ad boledigg gonga wa & wonname duadd, wiassase fia an onschdendeng menschn kead, fia dgerechdekeid eixezd hed, weima de wichde quen wa? na wiaggle ned, leidl, & in ondane wass genau a so gonga. [33a] & des weaz e säim a kenna, dase mei lebdalong oiwei da gleich blim bi, gons wuaschd, aufm moagdbloz oda dahoam. i home nia mid wem auf a dradewawal eilossn, dea wos urechz do hod, a mid koan sechan ned, vo dess iazd aufoamoi hoasd, dass so ebbs wia meinege leabuam quen wand. wei i home bei neamd ois leara viarado. wonnses owa iazd a boa eibuidd homd (wuaschd, obs a junga oda a oida quen is), dassma zuhean mechddnd, wia e gredd ho & des do ho, wos zdoan woa, donn hone a de koane brigl undda dfiass kaud. es is owa a ned a so quen, [b] dase dhendd aufkoin hed bein ren. gons an gengdei, mi ko a jeda frong, ob dea iazd wos hod oda ned, & wonn iazd oana mog, donn kora a wos drauf song oda grod zuhean – wia eam hoid is. ob owa iazd aus a

bin ich nicht schuldig, die Verantwortung zu tragen, da ich Unterweisung hierin weder jemals jemandem versprochen noch auch erteilt habe. Wenn aber einer behauptet, jemals von mir etwas ganz Besonderes gelernt oder gehört zu haben, was nicht auch alle andern, so wißt, daß er nicht die Wahrheit redet.

13. Aber weshalb halten sich wohl einige so gern seit langer [c] Zeit zu mir? Das habt ihr gehört, Athener, ich habe euch die ganze Wahrheit gesagt, daß sie nämlich diejenigen gern mögen ausforschen hören, welche sich dünken, weise zu sein, und es nicht sind. Denn es ist nicht unerfreulich. Mir aber ist dieses, wie ich behaupte, von dem Gotte auferlegt zu tun, durch Orakel und Träume und auf jede Weise, wie nur je göttliche Schickung einem Menschen etwas auferlegt hat zu tun.

Dies, ihr Athener, ist ebenso wahr als leicht zu erweisen. Denn wenn ich von unsern Jünglingen einige verderbe, [d] andere verderbt habe: so würden doch, wenn einige unter ihnen bei reiferem Alter eingesehen hätten, daß ich ihnen je in ihrer Jugend zum Bösen geraten, diese selbst jetzt aufstehen, um mich zu verklagen und zur Strafe zu ziehen; wollten sie aber selbst nicht, so würden irgendwelche von ihren Verwandten, Eltern, Brüder oder andere Angehörige, wenn ich ihren Verwandten irgend Böses zugefügt, es mir jetzt gedenken. Auf jeden Fall sind ja viele von ihnen hier zugegen, die ich sehe, zuerst hier Kriton, [e] mein Alters- und Demengenosse, der Vater dieses Kritobulos; dann Lysanias der Sphettier, dieses Aischines Vater; auch Antiphon der Kephesier, des Epigenes Vater. Und andere sind diese, deren Brüder meines Umgangs gepflogen, Nikostratos, des Theosdotides Sohn, der Bruder des Theodotos – und zwar ist Theodotos tot, der ihn also nicht kann beschwichtigt haben; und Paralos, des Demodokos Sohn, dessen Bruder Theages war; [34a] und Adeimantos, des Ariston Sohn, der Bruder dieses Platon; und Aiantodoros, dessen Bruder dieser Apollodoros ist. Und noch

jen vo de wos wiad, fia des ko e noddiale ned grodschde, sowos hone owa a nu nia wem heakoassn & hos a neamd beibrochd. wonn iazd oana heaged & sogd, bei mia heda wos gleand oda zhean griagd, wos oille ondan ned a eafoan hend kinnd, wonns meng hend, donn kinnz sicha sei, dasa liagd.

13. owa wia gibzes donn, dass do in oa daugd, wonns vui [c] mid mia beinodhand? bassz auf, leidl, des hobz jo e scho kead, & i ho eng ned oglong: a de is nix liawa, wia wonns zuahean kinnand, wia leid ausgfrogd & ausbrowiad weand, desse eibuiddn, wia gscheid dass ned goa wand, wo in wiaglechkeid owa e nix dahindda schdeggd. wei fad is des quis ned. i owa muas des doa, wia xogd, dea do om hodmas ogschofd – iwa doaragglschbrich, iwa an dram oda iwa ondane sochan, mid derase bei unsaoan zkenna gibd & a de leid oschofd, wos zan doa wa. bassz auf, leidl, des is woa & a gons oafoch zan beweisn. songma amoi, i vadad iazd de junga leid [d] & des scho a sches zeidl. moaz ned, das duadd & do sicha a boa drundda wand, dess mid da zeid iwarissn hend, dase eana oissa junga za iagend an schmoan gron ho. donn miassadnd jo de iazd enddweda säim voas grichd ge & mi ozoang, oda es kamm oana vo eanan gfreinddarad, da vodda, a bruada oda sunsd wea & zoiadma des hoam, wonnses säim ned doand. & wonname a weng umschau, es wand e gnua do. do is amoi da Kriton [e], mei joagong & an gleichn grezzl aufquoxn wia i, da vodda vo unsan Kristobulos, donn da Lysanias vo Sphettos, da vodda von Aischines, donn nu da Antiphon vo Kephisos drendd, an Epigenes sei vodda & nu an haufn ondane, wo eanane briada a meina nochboaschofd quen hand: da Nikostratos, an Theozotides a seinega, da bruada von Theodotos (dea is iwrenx scho gschdoam & hod an Nikostratos nimma zuaren kinnd), donn da Paralios, an Demodokos a seinega bua & a bruada von Theages [34a], da Adeimantos, an Ariston sei su, dea da bruada von Platon is, & da Aiantodoros,

viele andere kann ich euch nennen, von denen doch vor allen Dingen Meletos in seiner Rede irgendeinen zum Zeugen sollte aufgerufen haben. Hat er es aber damals vergessen; so rufe er noch einen auf, ich gebe es nach, und er sage es, wenn er so etwas hat. Allein hiervon werdet ihr ganz das Gegenteil finden, ihr Männer, alle willig, mir beizustehen, mir, dem Verderber, dem Unheilstifter ihrer Verwandten, wie Meletos und Anytos sagen. [b] Denn die Verführten selbst könnten vielleicht Grund haben, mir beizustehen; aber die unverderbten, schon reiferen Männer, die ihnen verwandt sind, welchen anderen Grund hätten diese, mir beizustehen, als den gerechten und billigen, daß sie wissen, Meletos lügt, ich aber rede die Wahrheit?

14. Wohl, ihr Männer! Was ich zu meiner Verteidigung zu sagen wüßte, das ist etwa dieses, und vielleicht mehr dergleichen. Vielleicht aber wird mancher unter euch unwillig gegen mich, [c] wenn er an sich selbst denkt, wenn er etwa bei Durchfechtung eines vielleicht weit leichteren Kampfes als dieser die Richter gebeten und gefleht hat unter vielen Tränen und seine Kinder mit sich heraufgebracht, um nur möglichst viel Erbarmen zu erregen, und viele andere von seinen Verwandten und Freunden, ich aber von dem allen nichts tun will, und das, da ich, wie es scheinen kann, in der äußersten Gefahr schwebe. Vielleicht wird mancher, dies bedenkend, seine Eitelkeit von mir gekränkt fühlen und, eben hierüber erzürnt, im Zorn seine Stimme abgeben. Wenn jemand unter euch so gesinnt ist, [d] ich glaube es zwar nicht, aber wenn doch: so denke ich, meine Rede wird zu billigen sein, wenn ich ihm sage: Auch ich, o Bester, habe so einige Verwandte. Denn auch ich, wie Homeros sagt, nicht der Eiche entstammte ich oder dem Felsen, sondern Menschen. Daher ich denn Verwandte habe und auch Söhne, ihr Athener, drei, einer schon herangewachsen, zwei noch Kinder. Dennoch aber werde ich keinen hierher bringen, um euch zu erbitten, daß ihr günstig abstimmen möget. Warum doch werde ich nichts

an Apollodoros a seinega bruada, dea a do is. & do wa nu a gonza haufn, de e a nu heanenna kundd, & vo de da Meletos den oan oda ondan ois zeing nema hed miassn. wonna neiand scho vagessn hod drauf, donn soidas hoid iazd nu doa & soid song, owa an sechan hod, i hed nix dageng. na, leidl, genau umkead iss. oille weama iazd häifn, mia, den hodalumbbm, dea eanane leid oiss, grod nix guaz odou hod, wia da Meletos & da [b] Anytos moanand. de e no engan dafiahoin vado hom soid, vo de säigades nu ei, wonnsma iazd häiffadnd, owa wos is mid de ondan, de e ned vadoa ho kinnd, de oidan (& eanane vawonddn vomiaraus), wos hend denn de iazd aufoamoi fian grund, dassma häiffadnd, aussa den oan, weisses genau wissnd, das da Meletos a liangschiwe is, i owa dwoaheid sog?

14. bassz auf, leidl, iazd moane, duazes ge sche schdad, wei wos zan song quen is, des moane, hone e xogd. ko scho sei, das des oa oda onda nu zan song wa. owa woascheinle schdeingd in a boa vo eng e scho dgrausbian auf, [c] wonns säim zruggdengand, wiass amoi zweng a labbalie voan grichd gschdonddn hand, im vagleich za mia, & mid nosse aung drichda obedld homd, & vielleichd dengd da oa oda onda iazd zrugg, wiara seine gloan kinda midkobd hod, dasa an eindrugg schinddn ko, oda vawondde oda an haufn freindd. owa i dua so ebbs ned, obwoi bei mia heid – & i moa, des buiddama ned grod ei – hibsch oiss am schbui schded. iazd kos owa leichd sei, das oana a sein eaga smos valiasd & volla zoan sei schdimm ogbid. wonn iazd des wea duad [d] – i dengma zwoa, das sowos e neamd duad, owa songma amoi, sowos gabs wiaggle – donn sogade za den scho, & i moa, dass richde wa, wonne sogad: »mei liawa, a i ho leid um mi ume, dema a weng nea schdend. wei wos da Homer amoi gmoad hod, wiara xogd hod, dasa vo leid & ned vo oachan & vo schdoana oschdommd, des guidd fia mi a. wei, bassz auf, leidl, a i ho kinda, drei buam, da oida is scho ausn grewan herausd & de ondan zwoa hand nu gloa. & i losme ned so weid owa, dases do

dergleichen tun? Nicht aus Eigendünkel, ihr Athener, noch [e] daß ich euch geringschätzte; sondern ob ich etwa besonders furchtlos bin gegen den Tod oder nicht, das ist eine andere Sache, aber in Beziehung auf das, was rühmlich ist für mich und euch und für die ganze Stadt, dünkt es mich anständig, daß ich nichts dergleichen tue, zumal in solchem Alter und im Besitz dieses Rufes, sei er nun gegründet oder nicht, angenommen ist doch einmal, daß Sokrates sich in etwas auszeichnet [35a] vor andern Menschen. Wenn nun, die unter euch dafür gelten, sich auszuzeichnen durch Weisheit oder Tapferkeit oder welche andere Tugend es sei, sich so betragen wollten, das wäre schändlich, wie ich doch öfters gesehen habe, daß manche, die sich etwas dünken, doch, wenn sie vor Gericht standen, ganz wunderliche Dinge anstellten, meinend, was ihnen Arges begegnete, wenn sie etwa sterben müßten, gleich als würden sie unsterblich sein, wenn ihr sie nur nicht hinrichtetet. Solche, dünkt mich, machen der Stadt Schande; so daß wohl mancher Fremde denken mag, diese ausgezeichneten Männer [b] unter den Athenern, denen sie selbst unter sich bei der Wahl der Obrigkeiten und allem, was sonst ehrenvoll ist, den Vorzug einräumen, betragen sich ja nicht besser als die Weiber. Dergleichen also, ihr Athener, dürfen weder wir tun, die wir dafür gelten, auch nur irgend etwas zu sein, noch auch, wenn wir es täten, dürft ihr es dulden, sondern müßt eben dies zeigen, daß ihr weit eher den verurteilt, der euch solche Trauerspiele vorführt und die Stadt lächerlich macht, als den, der sich ruhig verhält.

15. Abgesehen aber von dem Rühmlichen dünkt es mich auch nicht einmal recht, den Richter zu bitten und sich durch Bitten loszuhelfen, sondern belehren muß [c] man ihn und überzeugen. Denn nicht dazu ist der Richter gesetzt, das Recht zu verschenken, sondern es zu beurteilen; und er hat geschworen, nicht sich gefällig zu erweisen gegen wen es ihm beliebt, sondern Recht zu sprechen nach den Gesetzen. Also dürfen

midnam, weiama eibuidd, dase zweng de leichdda
freigang.«

worume des oiss ned dua? bassz auf, leidl, sicha ned, [e]
wei e a greggda beidl bi, owa a ned, wei e vo eng nix
hoid! owa gons oading, obe iazd an daoud scheich oda
ned (des is wieda wos ondas), woma uns säim nu wos
weadd hand, donn moane, iss fia mi, fia eng & fia de
gonz schdod ned einx guad, wonne so ebbs dad, & des a
mein oidda & bei den nom, dene ho. gons wuaschd wia
ma za den schded, de mearan lossnses e ned nema, das
da Sokrates do a weng ondas [35a] is wia de ondan.
wonn iazd de undda eng, bei dess ausschaud, wia wonns
rechd häi auf da bloddn wand, oda desse ebbs draund,
oda bei de hoid sunsd iagndwos wa, sowos dadnd, donn
wa des a schond. mia hand scho ofd leid unddakemma,
de voan grichd sochan mochand, dass nimma zan
dakenna hand, obwoiss sunsd scho wos gäind bei de
leid. de doand donn, wia wonn sschdeam we dad & wia
wonns sunsd ned schdeam miassadnd, wonnzes es ned
zan daoud vauaddeiaz. & sowos, kimmd mia via, is fia
de gonz schdod ned guad, & fia de vo weidaweg kunnz
leichd a so ausschau, wia wonn zwischn de kamoddn
leid vo Athen [b], de in a amddal einequäid weand & a
boa woschweiwa e koa unddaschied nimma is. bassz auf,
leidl, auf eng schaudma auffe, drum deafz es sowos ned
doa, es deafzes owa a vo ondane ned eireissn lossn. zoagz
eanas, dass vo sechane, de a so a offndjadda auffiand, das
de gonz schdod driwa lochd, vui wenga hoiz wia vo
sechane, de sowos bleim lossnd.

15. vo da nochred amoi gons oxäing, kimmz mia via,
dass ned rechd bassd, wonn wea voa sein [c] richda
biddn & bedln muas, dasa frei ged. vui gscheida iss,
wonna wos a da hendd hod, mid dena an richda a
iwazeing ko. wei fia des wand drichda eiganddle ned do,
dass dahifuaweaggan, wiass eana grod eifoid & wiass
grod aufglegd hand. i dengma, de miassadnd eiganddle
gerechd sei, wei a sechana hod jo seinazeid amoi sei

59

weder wir euch gewöhnen an den Meineid noch ihr euch gewöhnen lassen, sonst würden wir von keiner Seite fromm handeln. Mutet mir also nicht zu, ihr Athener, dergleichen gegen euch zu tun, was ich weder für anständig halte noch für recht, noch für fromm, zumal ich ja, beim Zeus, [d] eben auch der Gottlosigkeit angeklagt bin von diesem Meletos. Denn offenbar, wenn ich euch durch Bitten zu etwas überredete oder nötigte gegen euren Schwur, dann lehrte ich euch, nicht zu glauben, daß es Götter gebe, und recht durch die Verteidigung klagte ich mich selbst an, daß ich keine Götter glaubte. Aber weit gefehlt, daß es so wäre! Denn ich glaube an sie, ihr Athener, wie keiner von meinen Anklägern, und überlasse es euch und dem Gott, über mich zu entscheiden, wie es für mich das beste sein wird und für euch.

16. [e] Daß ich nicht unwillig bin, ihr Athener, über dieses Ereignis, daß ihr mich verurteilt habt, [36a] dazu trägt noch sonst vieles bei, aber auch nicht unverhofft ist mir das Geschehene geschehen; sondern vielmehr wundere ich mich über die sich ergebende Zahl der beiderseitigen Stimmen. Denn ich glaubte nicht, daß es nur auf so weniges ankommen würde, sondern auf sehr viel. Nun aber, wie man sieht, wenn nur dreißig Stimmen anders gefallen wären, so wäre ich entkommen. Dem Meletos zwar bin ich auch jetzt entkommen, wie mich dünkt; und nicht nur entkommen, sondern es liegt auch jedem vor Augen, daß, wenn nicht Anytos und Lykon aufgetreten wären, mich anzuklagen, er tausend [b] Drachmen erlegen müßte, weil er den fünften Teil der Stimmen nicht erlangt hätte.

17. Zuerkennen also will mir der Mann den Tod. Wohl! Was soll ich mir nun dagegen zuerkennen, ihr Athener? Doch gewiß, was ich verdiene! Wie also? Was verdiene

hendd ad he do & gschwoan, dasa bei sein amddal ned
mid zwoaraloa mos messd & dasa sxez vadridd & ned
iagndwos ondas. drum deafns eng mia ned eireissn
lossn, wonnz wos ondas daz, & fia eng säim soid des owa
a koa quenad wean – wei do hed koana wos davo. bassz
auf, leidl, ned dase eng do iazd wos viamocha mechdd,
wosma säim nix viakimmd, weiss ned sche is, weiss
urechd is, oda weiss geng den do om ged, nu dazua,
woma dea simseida Meletos, [d] Zeus schau owa,
viahoidd, dases mid den do om iwahaubd ned hed. wei
oas is scho quis: wonnes iazd browiarad, dase eng auf
mei seiddn griag & bidd & bedld & eng sog, das des,
woss amoi gschwoan hobz, e hoib so wuid is, donn dade
nix ondas, wia wonne za eng sogad, dass do om e nix
gibd. & wonne iazd nu heage a & mi zweng den nu auf
dfiass schdoi, donn wa des des gleich, wia wonne sogad:
»i zoag me säim ou, wei es ned glaub, dass do om wos
gibd.« owa do hone do nu a sches schdiggl hi, des
kinnzma glaum. bassz auf, leidl: das des amoi xogd is: i
glaub an de do om weid häida wia de midanod, deme do
iazd heaziddiad homd, & i loss iazd eng & a den do om
iwa, das de gschichd aso ausged, wiass fia mi & fia eng
an bessan is.

16.[e] bassz auf, leidl, wonne zweng den, wos do iazd
bassiad is, ned glei ad froas gfoin bi, weiss es moaz,
[36a] i wa schuide, donn is des vielleichd grod zweng
den, wei e mid sowos sogoa a weng grechnd ho. wose
owa ned fia megle koin hed, des is, wiass ogschdimmd
hobz. mid den hede ned grechnd, dass so gnobb wiad,
de gschichd. i homa oiwei dengd, des wa e a gmade wies
fia de ondan. wei wonn iazd grod dreissge ondas
gschdimmd hend, donn wa e ausn schneida. an Meletos,
dengama, den bine iazd duachegschloffn, & ned grod
des, wei oas schded fesdd: wonnse iazd ned a nu da
Anytos & da Lykon auf a baggl zaumgschmissn hend &
geng mi zong wand, donn ware dausnd [b] drachmen
kaoude quen, weira ned amoi a fünfdl vo de schdimmen
zaumbrochd hed.

ich zu erleiden oder zu erlegen, weshalb auch immer ich in meinem Leben nie Ruhe gehalten, sondern unbekümmert um das, was den meisten wichtig ist, um das Reichwerden und den Hausstand, um Kriegswesen und Volksrednerei und sonst um Ämter, um Verschwörungen und Parteien, die sich in der Stadt hervorgetan, weil ich mich in der Tat für zu gut hielt, [c] um mich durch Teilnahme an solchen Dingen zu erhalten, mich mit nichts eingelassen, wo ich weder euch noch mir etwas nutz gewesen wäre, vielmehr nur darauf bedacht, wie ich jedem einzelnen die meines Dafürhaltens größte Wohltat erweisen könnte, mich dessen allein, wie ich behaupte, befleißigt, bemüht, jeden von euch zu bewegen, daß er weder für irgend etwas von dem seinigen eher sorge, bis er für sich selbst gesorgt habe, wie er immer besser und vernünftiger, wo möglich, werden könnte, noch auch für die Angelegenheiten des Staates eher als für den Staat selbst und nach derselben Weise auch nur für alles andere sorgen möchte. Was also verdiene ich dafür zu leiden, [d] daß ich ein solcher bin? Etwas Gutes, ihr Athener, wenn ich der Wahrheit gemäß nach Verdienst mir etwas zuerkennen soll, und zwar etwas Gutes von der Art, wie es mir angemessen ist. Was ist also einem unvermögenden Wohltäter angemessen, welcher der freien Muße bedarf, um euch zu ermahnen? Es gibt nichts, was so angemessen ist, ihr Athener, als daß ein solcher Mann im Prytaneion gespeist werde, weit mehr, als wenn einer von euch mit dem Rosse oder dem Zwiegespann oder dem Viergespann in den olympischen Spielen gesiegt hat. Denn ein solcher bewirkt nur, daß ihr glückselig scheint, ich aber, daß ihr es seid; und jener bedarf der Speisung nicht, [e] ich aber bedarf ihrer. Soll ich mir also, was ich mir Recht verdiene, zuerkennen, so erkenne ich mir dieses zu, [37a] Speisung im Prytaneion.

18. Vielleicht wird euch nun, daß ich dieses sage, ebenso bedünken, als was ich von dem Flehen und der Mitleidserregung sagte, als hartnäckiger Eigendünkel.

17. wonne schuide bi, hoda gmoad, donn kea e weida. a so hodas gschrim – vomiaraus. & iazd bi i do. wos soid i dagenghoin do, wos wa a schdrof, de hoiwex bassd, leidl? wos kearadma iazd, dass bassd? wos kearad mid mia do, oda wos miassad i iazd doa, dea ame unddaschdondn ho, dase mei lebda nia a rua gib &, dea e nia min haufn grend bi? wos kearad iazd mid mia do, mid mia, den des hinddangäidhearenna, a fesche soch, schaschn bein barras, voa dleidhischdoin & sche dahearen, nia wos gem hod, wos gabs do fia oan, dea nia auf zeidd gschiagld hod, owa bei de leid do ebbs guidd? wos duadma mid oan, den des oiss nia wos bedeidd hod? i, dea ama oiwei eibuidd ho, dass fia mi des wichdega dgerechdekeid wa, [c] onschdod dase gschaud hed, dase mei haud reddn ko. i home nia auf so hoiwade sochan eilossn, vo dess es nix kobd hez & i a nix. an gengdei, i home owegschdrambbed, dase jo a jen um dename onimm, des besdde, wia e gmoad ho, dua. bei a jen vo eng hedes browiad dasen do hibring, dasase ned dscheasd um sei soch randd, bevoas ned eiwende a hihaud. & aso iss a bei da schdod & bei oin ondan. wos bassad iazd fia an sechan, [d] wia i oana bi? wos guaz, leidl – wonn scho, donn wos, wos wiaggle bassd, wose a wiaggle braucha ko. wos owa bassd iazd fia a so an guan heidda, dea e scho amoi an haufn zeid hom muas, dasa eng iwahaubd as quissn ren ko? bassz auf, leidl, fia an sechan gabs nix bessas, wia dasa oiwei zechfrei koin wiad bein easchdn wiadd am bloz, des bassad wiaggle. nu häida, wia wonn oana vo eng, bein rosrenna zOlympia quunga hed. wei sowos is grod wos fiass gache gligg, bei mia owa hoizz lenga ou, & dea [e] brauchd koa breisgäid, i owa scho. wonnama owa iazd wiaggle wos ausdrong deaf, wos wiaggle fia mi bassad, do soge hoid: an [37a] resawiadn disch an easchdn wiazhaus am bloz!

18. woascheinle kimmz eng iazd via, i red wieda so endle, wia dscheasd iwas jamman & iwas biddn & bedln, wei ama eibuidd, wea e ned wa & wea e ned goa

Das ist aber nicht so, ihr Athener, sondern so vielmehr: Ich bin überzeugt, daß ich nie jemanden vorsätzlich beleidige. Euch freilich überzeuge ich davon nicht, weil wir gar zu kurze Zeit miteinander geredet haben. Denn ich glaube, wenn ihr ein Gesetz hättet, wie man es anderwärts hat, über Leben und Tod nicht an einem Tage zu entscheiden, [b] sondern nach mehreren: so wäret ihr wohl überzeugt worden; nun aber ist es nicht leicht, in kurzer Zeit sich von so schweren Verleumdungen zu reinigen. Überzeugt also, wie ich bin, daß ich niemand Unrecht zufüge, werde ich doch wahrlich nicht mir selbst Unrecht tun und selbst gegen mich reden, als ob ich etwas Übles verdiente, und mir etwas dergleichen zuerkennen. Was doch befürchtend? Daß ich das erleiden müßte, was Meletos mir zuerkennt, und wovon ich nicht zu wissen gestehe, ob es ein Gut oder ein Übel ist? Anstatt dessen also sollte ich von den Dingen eines wählen und mir zuerkennen, von welchen ich gar wohl weiß, daß sie Übel sind? Etwa Gefängnisstrafe? Und wozu [c] sollte ich doch leben im Kerker, unter dem Befehl der jedesmaligen Obrigkeit? Oder Geldstrafe und gefangen zu sein, bis ich sie entrichtet habe? Das wäre aber für mich ganz dasselbe wie das vorige. Denn ich habe kein Geld, wovon ich sie entrichten könnte. Aber die Verweisung soll ich mir wohl zuerkennen? Die möchtet ihr mir vielleicht wohl zugestehen. Aber von großer Lebenslust müßte ich wohl besessen sein, ihr Athener, wenn ich so unvernünftig wäre, daß ich nicht berechnen könnte: da ihr, meine Mitbürger, nicht imstande gewesen seid, meine Lebensweise und meine Reden zu ertragen, [d] sondern sie euch zu beschwerlich und verhaßt geworden sind, so daß ihr euch nun davon loszumachen sucht, ob also wohl andere sie leichter ertragen werden? Weit gefehlt, ihr Athener! Ein schönes Leben wäre mir das also, in solchem Alter auszuwandern und, immer umhergetrieben, eine Stadt mit der andern zu vertauschen. Denn das weiß ich wohl, wohin ich auch komme, werden die

sei kundd. owa bassz auf, leidl, wonnz des wiaggle
moaz, donn vadrogz eng gscheid. i woass nemle scho,
dase neamd obsichddle wos urechz odua, owa des
glaubzma soweso ned. donn kimmd nu dazua a, dasma
goa ned amoi so vui zeid homd, dasma iwa des ren
kunddnd. wonnz owa es a a so a xez hez, wiasses
vomiaraus zSparta homd, dasma oan easchd no a boa
dog zan daoud vauaddein deaf, & ned glei non [b]
easchdn dog, donn moane, kundde enx scho nu ausren.
des zeidl owa glongd weid ned, dasma in a so an beag
heawiad. i bima sicha, dase neamd wos urechz dua, owa
umkead bi e weid weg davo, dasama säim ebbs urechz
odua, wonne nemle heagang & iazd geng mi säim aus-
sogad, dase moanad, i kea gschdrofd oda sowos enlex.
owa wos soide denn scheicha? dassma des odoand, wos
da Meletos mid mia doa mechdd, wo ama owa, wia
xogd, säim ned amoi gons sicha bi, ob des iazd guad oda
schlechd fia mi is? soide leid iazd heage & mia säim wos
aussuacha, vo dene iazd scho song ko, dass nix guaz is,
& donn nu dongsche a song. soide leid song: »ge,
biddschen, haz so guad & schbiazme ei.« worum soide
[c] an hefn drinn dahiwegedian, ois gnechd vo de, desse
do so sche auffebugld homd. oda soide wos zoin & bise
sgäid zaumgreid ho, eischbian ge? owa des wa fia mi e
des gleich, aussadem hede sgäid e ned, mid dename
freikaufn kundd. oda soide iazd song: »no guad, wonnz
moaz, donn schiggzme hoid fuadd, wohi, is e kubfd wia
gschbrunga, dhaubdsoch, dassme nimma säigz?« do
moane wa eng leichd koifn, do sogaz amendd ned na.
owa bassz auf, leidl, des schbuiz ned, wei za den hone
weid zweng onxd um mei bazzl lem. wei so vui
drogzmas do om scho nu zaum, dase auf des nu deng,
wonnz es scho mei redarei [d] & meine gedanga ned
dabagd hobz, weiss eng zach & oschwiare viakemma
hand, obwoissme kennz, dasse donn ondane a ned
leichdda doa weand mid den? na, na, leidl. des wa wos,
ha, do hede a lem voa meina. wonn i oida gnagga iazd
vo do weg gang & vo oana schdod a de onda ziagad, &

Jünglinge meinen Reden zuhören, eben wie hier. Und wenn ich diese von mir weise, so werden sie selbst bei den Alten meine Verweisung bewirken; weise ich sie nicht von mir, [e] so werden dasselbe doch ihre Väter und Verwandten um jener willen tun.

19. Vielleicht aber wird einer sagen: Also still und ruhig, Sokrates, wirst du nicht imstande sein, nach deiner Verweisung zu leben? Das nun ist wohl am allerschwersten manchem von euch begreiflich zu machen. Denn wenn ich sage, das hieße dem Gotte ungehorsam sein, und deshalb wäre es mir unmöglich, mich ruhig zu verhalten: [38a] so werdet ihr mir nicht glauben, als meinte ich etwas anderes als ich sage. Und wenn ich wiederum sage, daß ja eben dies das größte Gut für den Menschen ist, täglich über die Tugend sich zu unterhalten und über die andern Gegenstände, über welche ihr mich reden und mich selbst und andere prüfen hört, ein Leben ohne Selbsterforschung aber gar nicht verdient, gelebt zu werden, das werdet ihr mir noch weniger glauben, wenn ich es sage. Aber gewiß verhält sich dies so, wie ich es vortrage, ihr Männer, nur euch davon zu überzeugen ist nicht leicht.

20. Auch bin ich nicht gewohnt, mich selbst etwas Üblen wert zu achten. Hätte ich nun Geld, so würde ich mir so viel Geldstrafe zuerkennen, [b] als ich entrichten könnte: denn davon hätte ich weiter keinen Schaden. Nun aber, ich habe eben keins; wenn ihr nicht etwa soviel, als ich zu entrichten vermag, mir zuerkennen wollt. Ich vermöchte euch aber vielleicht etwa eine Mine zu entrichten. Die will ich mir also zuerkennen. Platon aber hier und Kriton und Kritobulos und Apollodoros reden mir zu, mir dreißig Minen zuzuerkennen, und sie wollten Bürgschaft leisten. Soviel also erkenne ich mir zu, und diese werden euch für dies Geld zuverlässige [c] Bürgen sein.

21. Nur um einer gar kurzen Zeit willen, ihr Athener, werdet ihr nun den Namen behalten und den Vorwurf

iwaroi solong bleiwad, bissme wieda ausjongd. oas woase owa scho, gons wuaschd, wo e a hikimm, de junga weandma wieda iwaroi zuahean, wonne wo red, genauaso wia do. & wonnes ned zualosn los, donn jongdme de a wieda zan deife, weiss bei de oidan schereng weand, & wonnes owa [e] zuahean los, donn jogdme da vodda oda da ongge aus – weng eana.

19. do wead iazd da oa oda da onda song: »wonnsd duadd dei mai hoidazd & gons oafoch a rua gawazd, gang des ned?« eng des iazd a so eaglean, dass oille vaschdend, des moane is hibsch a vianema. wonne nemle iazd heage & sog, des wa des gleich wia den do om ned foing, & drum ko e & deafe koa rua gem, glaubzmas jo do ned, weiss eng dengz, i fia e grod an schmee. [38a] wonne owa sog, es gibd nix schenas fia oan, wia jen dog iwa des ren, wos da keaze eiganddle weadd is, & iwa de ondan sochan dess vo mia heaz, wonname säim & ondane ausfrog, & das a lem one den fia an menschn goa koa lem sei ko, donn glauwazma jo nu wenga, wose sog. bassz auf, leidl, des is zwoa genauaso wia es sog, dases owa iazd a so bring, dasses es a glaubz, do moa e hone oi zwoa hendd voi.

20. donn kimmd nu dazua, dase ned jen dog heage & sog, des wa iazd de schdrof fia mi, de bassad fia mi, do gschäigadma rechd. wonne a gäid hed, donn sogade hoid, [b] des kunddama viaschdoin, so & sovui, des wa zan dazoin fia mi. des dadma weida ned we. owa des ged ned, aussa es nennazma an bedrog, dene dazoin a kundd. an hundada kundde scho heabladln. guad, soge hoid an hundada. owa bassz auf, leidl, da Platon duadd & da Kriton & da Kritobulos & da Apollodor, de moanand, i soid auf dreidausnd aufschdogga, se schdanddndma guad dafia. zweng meina, donn soge hoid dreidausnd, & de, de e grod heagnennd ho, de moane, bassnd e ois guadschdea [c].

21. bassz auf, leidl, grod zweng den gloan zeidl weaz vo de, de an unsana schdod scho vo haus aus koa guaz hoa

von denen, welche die Stadt gern lästern mögen, daß ihr den Sokrates hingerichtet habt, diesen weisen Mann. Denn behaupten werden die nun freilich, daß ich weise bin, wenn ich es auch nicht bin, die euch lästern wollen. Hättet ihr nun eine kleine Weile gewartet: so wäre auch ja dies von selbst erfolgt. Denn ihr seht ja mein Alter, daß es schon weit fortgerückt ist im Leben und nahe am Tode. Ich sage dies aber nicht zu euch allen, sondern nur zu denen, [d] die für meinen Tod gestimmt haben. Und zu eben diesen sage ich auch noch dies: Vielleicht glaubt ihr, Athener, ich unterläge jetzt aus Unvermögen in solchen Reden, durch welche ich euch wohl möchte überredet haben, wenn ich geglaubt hätte, alles reden und tun zu dürfen, um nur dieser Klage zu entkommen. Weit gefehlt! Sondern aus Unvermögen unterliege ich freilich, aber nicht an Worten, sondern an Frechheit und Schamlosigkeit und an dem Willen, [e] dergleichen zu euch zu reden, was ihr freilich am liebsten gehört hättet: wenn ich gejammert hätte und gewehklagt und viel anderes getan und geredet meiner Unwürdiges, wie ich behaupte, dergleichen ihr freilich gewohnt seid von den andern zu hören. Allein weder vorher glaubte ich der Gefahr wegen irgend etwas Unedles tun zu dürfen noch auch gereut es mich jetzt, mich so verteidigt zu haben; sondern weit lieber will ich auf diese Art mich verteidigt haben und sterben, als auf jene und leben. Denn weder vor Gericht noch im Kriege ziemt es weder mir noch irgend jemandem, [39a] darauf zu sinnen, wie man nur auf jede Art dem Tode entgehen möge. Auch ist ja das bei Gefechten oft sehr offenbar, daß dem Tode einer wohl entfliehen könnte, würfe er nur die Waffen weg und wendete sich flehend an die Verfolgenden; und viele andere Rettungsmittel gibt es in jeglicher Gefahr, um dem Tode zu entgehen, wenn einer sich nicht scheut, alles zu tun und zu reden. Allein, daß nur nicht dies gar nicht schwer ist, ihr Athener, dem Tode zu entgehen, aber weit schwerer, der Schlechtigkeit; denn sie läuft

lossn, zhean griang, dass es an Sokrates umbrochd hobz. an Sokrates, an gschein kundn, weaz hoassn, wei donn weanz scho song, i wa gscheid, a wonnes ned bi, grod dass eng ebbs zfleiss doa kinnan, & donn weanz song, hez hoid nu a zeidl quoadd, donn wa des e vo eam säim bassad woan. wei, schauzme do ou, i bi heid a oida kund, scho meara drendd wia hearendd.

wose do iazd sog, des guidd ned fia oille, des guidd grod fia de, [d] deme zan daoud vauaddeid homd. & genau a de mechdde nu ebbs song: bassz auf, leidl, amendd moaz iazd, mia hoz dred vaschlong, weiss iazd genau des vo mia ned zheaz griagz wos eng ebbs viakamm & wose oiss song & doa miassad, dassma ned okinnz. na wiaggle ned. bein ren feiz ned, wo ondas feiz, i bi grod ned so ausgschamd, dase eng oiss aso viasog, wiasses so gean hearaz, dase winslad & jamarad & nu gons ondane sochan mochad, de owa, so moane hoid, iwahaubd ned za mia bassnd, [e] a wonn enx de ondan nu so ofd viadaoufend. i hos owa dscheasd scho ned an sinn kobd, dasame grod, weima da dreg scho bei de schdiefen om eirinnd, so weid owalossn wead, dase wia a dedaleng doschde. owa mia is a iwahaubd ned load, dase des a so xogd ho, wia es em xogd ho an gengdei, mia kimmd sogoa via, dass weid bessa is, wonnsme fia, des wose xogd ho, umbringand, wia dase fia shinddeinegrein weidaleb. des is iazd oading, obe voan grichd schde oda an griag bi, nianx deafame soweid hireissn lossn, dase jen schmoan dua, grod dassme ned umbringand. & des guidd ned grod fia mi, des guidd fia oille. [39a] an griag iss ofd e a so, das oana grod zweng den iwalebd, weira dwoffn donekaud hod & donn voan feind auf dgnia grudschd is. jo, jo, do gibz nu ollahond so danz, dasma an daoud iwa dschaufe ruddschn ko, zbled deafsda hoid um a sechas moi ned sei, dassd jen schmoan duasdd & jen schmoan soxd. owa do is nix dabei, leidl, dasma an daoud ausn weg ged, a vui a gressas luada owa iss, dasma a da schlechdekeid ausn weg ged. de is nemle bessa auf de fiass wia da daoud. &

schneller als der Tod. Auch jetzt [b] bin ich daher als ein langsamer Greis von dem langsameren gefangen worden; meine Ankläger aber, gewaltig und heftig wie sie sind, von dem schnelleren der Bosheit. Jetzt also gehe ich hin und bin von euch der Strafe des Todes schuldig erklärt; diese aber sind von der Wahrheit schuldig erklärt der Unwürdigkeit und Ungerechtigkeit. Und sowohl ich beruhige mich bei der Zuerkenntnis als auch diese.

Dieses nun mußte vielleicht so kommen, und ich glaube, daß es ganz gut so ist.

22. Was aber nun hierauf folgen wird, gelüstet mich euch zu weissagen, ihr, meine Verurteiler! Denn ich stehe ja auch schon da, wo vorzüglich die Menschen weissagen, [c] wenn sie nämlich im Begriff sind zu sterben. Ich behaupte also, ihr Männer, die ihr mich hinrichtet, es wird sogleich nach meinem Tode eine weit schwerere Strafe über euch kommen als die, mit welcher ihr mich getötet habt. Denn jetzt habt ihr dies getan in der Meinung, nun entledigt zu sein von der Rechenschaft über euer Leben. Es wird aber ganz entgegengesetzt für euch ablaufen, wie ich behaupte. Mehr werden es sein, die euch zur Untersuchung ziehen, welche ich nur bisher zurückgehalten, ihr [d] aber gar nicht bemerkt habt. Und um desto beschwerlicher werden sie euch werden, je jünger sie sind, und ihr um desto unwilliger. Denn wenn ihr meint, durch Hinrichtungen dem Einhalt zu tun, daß euch niemand schilt, wenn ihr nicht recht lebt, so bedenkt ihr das sehr schlecht. Denn diese Entledigung ist weder recht ausführbar, noch ist sie edel. Sondern jene ist die edelste und leichteste, nicht anderen wehren, sondern sich selbst so einrichten, daß man möglichst gut sei. Dieses will ich euch, die ihr gegen mich gestimmt habt, geweissagt haben und [e] nun von euch scheiden.

23.a) Mit denen aber, welche für mich gestimmt, möchte ich gern noch reden über dies Ereignis, welches

[b] genau des lonxoma, des hodme iazd dawischd, mi, den oin lonxoma, & de, deme do odiwed homd, de nu schdoagg & quialle hand, a de hod des schnäilla dreim ogrennd, nemle dschlechdekeid. no jo, & a so ged hoid a jeda sein gong. i vo eng an daoud gschiggd & se vo da woaheid bfeigrod an lug zua. & i bleib bei den, wos aussakemma is, & se a. es hod hoid a so kemma miassn, & i moa dass guad is aso.

22. & iazd mechdde enx [c] nu glei song, wosse donn oiss oschbuin wead, wonnzme vauaddeid hobz. wei iazd bine säim duadd, wosse dleid min woasong scho a weng leichdda doand: donn nemle, wonns zan schdeam is. bassz auf, leidl, es schiggzme iazd an daoud. owa wos eng bliad, wonne gschdoam bi, des is scho nu um a drum eaga, wia des, wos mia iazd bevoa schded. es hobzes zweng den do, weiss eng eibuidd hobz, dass eng donn vo mia nimma ausfrong lossn miassz iwa enga lem – genau umkead iss, des konne eng iazd scho song. do weand nu weid meara kemma, de weand eng frong schdoin, iwa de hone bis iazd nu oiwei an deggl koin, vo desses [d] ned amoi quisd hobz, dasses gibd. & des hand zache deifen – wia jinga, wia zacha, & es weaz eng nu häida gifddn. wonnz iazd nemle moaz, es kinnz an menschn umbringa & dem donn ausn weg ge, dasa eng enga vakeaz lem viaschmeisd, donn schneiz eng gscheid. wei a so schofdma nix aus da wäid, des haud ned hi & sche iss omdrei a ned. an schenan & an leichddan gez oiwei nu, woma de ondan nix an weg legd & woma schaud, das aus oan säim hoiwex wos wiad. des [e] mechdde eng iazd, wossme vauaddeid hobz, gons oafoch nu xogd hom, bevoa e ge.

23.a) iazd mechddame owa nu gean mid de ondan, de fia mi gschdimmd homd, iwa des unddahoin, wos do

sich zugetragen, solange die Gewalthaber noch Abhaltung haben und ich noch nicht dahin gehen muß, wo ich sterben soll. Also, ihr Männer, so lange haltet mir noch aus. Nichts hindert ja, uns vertraulich zu unterhalten miteinander, solange es noch vergönnt ist. Denn euch als meinen Freunden [40a] will ich gern das erklären, was mir soeben begegnet ist, was es eigentlich bedeutet. Mir ist nämlich, ihr Richter – denn euch benenne ich recht, wenn ich euch Richter nenne –, etwas Wunderbares vorgekommen. Meine gewohntes Vorzeichen nämlich war in der vorigen Zeit wohl gar sehr häufig, und oft in großen Kleinigkeiten widerstand es mir, wenn ich im Begriff war, etwas nicht auf die rechte Art zu tun. Jetzt aber ist mir doch, wie ihr ja selbst seht, dieses begegnet, was wohl mancher für das größte Übel halten könnte, und was auch dafür angesehen wird; dennoch aber hat mir weder, als ich des Morgens von Hause ging, [b] das Zeichen des Gottes widerstanden, noch auch als ich hier die Gerichtsstätte betrat, noch auch irgendwo in der Rede, wenn ich etwas sagen wollte. Wiewohl bei anderen Reden es mich oft mitten im Reden aufhielt. Jetzt aber hat es mir nirgends bei dieser Verhandlung, wenn ich etwas tat oder sprach, im mindesten widerstanden. Was für eine Ursache nun soll ich mir hiervon denken? Das will ich euch sagen. Es mag wohl, was mir begegnet ist, etwas Gutes sein, und unmöglich können wir recht haben, die wir annehmen, der Tod sei ein Übel. [c] Davon ist mir dies ein großer Beweis. Denn unmöglich würde mir das gewohnte Zeichen nicht widerstanden haben, wenn ich nicht im Begriff gewesen wäre, etwas Gutes auszurichten.

23.b) Laßt uns aber auch so erwägen, wie viel Ursache wir haben, zu hoffen, es sei etwas Gutes. Denn eins von beiden ist das Totsein, entweder soviel als nichts sein noch irgendeine Empfindung von irgend etwas haben, wenn man tot ist; oder, wie auch gesagt wird, es ist eine

bassiad is, dawei de beomdn nu so drawe hand & i a nu
ned duadd hige ko, wo e schdeam soid. bleibz dawei nu
a weng do, leidl. es ko jo neamd wos dageng hom,
dasma nu a weng brachdnd midanod. wei eng, [40a]
meine freind, eng mechddes nemle eaglean, wos des
gonz iwahaubd fian sinn hod, dass a so hea woan is. wei
i, es richda es (& i moa, iazd kone eng do a so nenna), i
ho scho a weng a gschboassex gfui kobd bei den gonzn
do. de schdimm do drinn, bei mia drinn, de hoze friaa
ofd & bei a jen schmoan griad, wonne grod iagend an
bledsenn mocha woidd, iazd isma des bassiad (es säigzes
jo e säim), woma moan kundd, dass nimma eaga kemma
ko. wia e owa heid a da fria vo dahoam fuaddgonga bi,
[b] do hoze iwahaubd nix do mid deara schdimm & wia
e as grichd gonga bi, a ned. wonne gredd ho, hones ned
kead & woma wos auf da zung gleng, is a ned. dawei iss
friaa, wonne ofd wo gredd ho, a so quen, wia wonn wea
middn unddan soz sogad: »so iazd duazes owa, sei
schdad«, heid owa, do hone nix gschbiad, desme okoin
hed, dase ebbs ned song oda ned doa soid. wos do schuid
is? i kommas scho denga: woascheinle is des, wos mia
do heid bassiad is, ebbs guaz, & i moa, dasma gons sche
am hoizweg hand, woma uns oiwei eibuiddnd [c] das
sschdeam wos schlechz wa. iazd hone nu wos a da
hendd, dass a so is, wei sunsd heze de schdimm heid
sicha wieda griad, wonne ebbs urechz do hed.

23.b) schauma unsas iazd owa vo da ondan seidd a nu
amoi ou, worumamas so fesd eibuidd, dass do wos guaz
is. sdaoudsei ko grod oas sei, enddweda es is nix mea,
(des hoassad donn, dea wos gschdoam is, dea gschbiad a
nix mea) oda dsäi ged auf droas, wiama sogd. sie ziagd

Versetzung und Umzug der Seele von hinnen an einen anderen Ort. Und es ist nun gar keine Empfindung, sondern wie ein Schlaf, in welchem der Schlafende auch nicht einmal einen {d} Traum hat, so wäre der Tod ein wunderbarer Gewinn. Denn ich glaube, wenn jemand einer solchen Nacht, in welcher er so fest geschlafen, daß er nicht einmal einen Traum gehabt, alle übrigen Tage und Nächte seines Lebens gegenüberstellen und nach reiflicher Überlegung sagen sollte, wie viel angenehmere und bessere Tage und Nächte als jene Nacht er wohl in seinem Leben gelebt hat: so, glaube ich, würde nicht nur ein gewöhnlicher Mensch, sondern der Großkönig selbst finden, daß diese sehr leicht zu zählen sind gegen die übrigen Tage und Nächte. [e] Wenn also der Tod etwas solches ist, so nenne ich ihn einen Gewinn, denn die ganze Zeit scheint ja auch nicht länger auf diese Art als eine Nacht.

Ist aber der Tod wiederum wie eine Auswanderung von hinnen an einen anderen Ort und ist das wahr, was gesagt wird, daß dort alle Verstorbenen sind, was für ein größeres Gut könnte es wohl geben als dieses, ihr Richter? Denn wenn einer, in der Unterwelt angelangt, nun dieser sich so nennenden Richter entledigt, [41a] dort die wahren Richter antrifft, von denen auch gesagt wird, daß sie dort Recht sprechen, den Minos und Rhadamanthys und Aiakos und Triptolemos, und welche Halbgötter sonst gerecht gewesen sind in ihrem Leben, wäre das wohl eine schlechte Umwanderung? Oder auch mit dem Orpheus umzugehen und mit Musaios und Hesiodos und Homeros, wie teuer möchtet ihr das wohl erkaufen? Ich wenigstens will gern oftmals sterben, [b] wenn dies wahr ist. Ja, mir zumal wäre es ein herrliches Leben, wenn ich dort den Palamedes und Aias, des Telamon Sohn, anträfe und wer sonst noch unter den Alten eines ungerechten Gerichtes wegen gestorben ist, und mit dessen Geschick das meinige zu vergleichen, das müßte, glaube ich, gar nicht unerfreulich sein. Ja was das Größte ist, die dort eben so

aus, vo do gons wo ondas hi. & woma iazd nix mea gschbiad & da daoud so wos wia a schlof is, [d] wo oan nix mea dramd, donn wa jo des a fesche soch. i fia mein dei dengma scho, wonn wea de nochd, wora a so an schlof kobd hod, das eam nix, iwahaubd nix dramd hod, heanimmd & mid oille ondan nachdn & dag vo sein lem vagleichd, donn moane, wuadd a jeda, vo gons undd ogfongd bis om auffe, song, [e] dass ned vui gibd, de deara oan nochd swossa so hoiwex reicha kinnand. & wonn da daoud iazd wiaggle sowos is, donn soge reschbeggd. wei donn kimmd oan de gonz zeid ned lenga via wia a oazege nochd.

wonn owa da daoud iazd sowos is wia a roas vo do wo ondas hi, & wonn des schdimmd, wos gredd wiad, das duadd oille beinod hand, de scho gschdoam hand, donn dengama, gibz nu wos bessas wia des? moaz ned a a so, es richda? woma owa iazd ned om, dafia owa undd londd & vo de weg is, desse do richda nennand [41a] & duadd, a de iwan weg rennd, de wiaggle oa hand, nemle an Minos & an Rhadamanthys & an Aiakos & an Triptolemos & oille ondan vo deara goddung, de eana lebda long feine leid quen hand. wa des a schlechde roas? oda woma min Orpheus & min Musaios an oan disch sizzad, & da Hesiod & da Homer sizzaddnd a nu dabei, wos gabadma do ned oiss dafia? i auf jen foi, kundd ned ofd gnua schdeam, wonn des wiaggle woa wa. grod fia mi wa jo des a gschichd, wonne duadd min Palamedes zaumkamm & [b] & min Ajas vo Telemanon & mid nu an haufn ondane vo friaa, de e a weng iagend a so a sauarei schdeam homd miassn. & wonne donn mei gschichd mid da eanan vagleichad, donn wa des sicha gons kamodd. jo, & donn nu dhaubdsoch: i kundd de leid duadd in oana dua briafn & ausflaschln wia de doseng, wea vo eana iazd gscheid is & weasses grod eibuidd, one dasas is. wos moaz es, richda, wos gab oana ned fia des, wonna den ausfrong kundd, dea den haufn soidon auf Troja gfiad hod, oda an Odysseus, oda an [c] Sisyphos? jo mei, do gabs nu an haufn ondane

ausfragend und ausforschend zu leben, wer unter ihnen weise ist und wer es zwar glaubt, es aber nicht ist. Für wie viel, ihr Richter, möchte das einer wohl annehmen, den, welcher das große Heer nach Troja führte, auszufragen, oder den Odysseus oder [c] Sisyphos, und viele andere könnte einer nennen, Männer und Frauen: mit welchen dort zu sprechen und umzugehen und sie auszuforschen auf alle Weise eine unbeschreibliche Glückseligkeit wäre. Gewiß werden sie einen dort um deswillen doch wohl nicht hinrichten. Denn nicht nur sonst ist man dort glückseliger als hier, sondern auch die übrige Zeit unsterblich, wenn das wahr ist, was gesagt wird.

23.c) Also müßt auch ihr, Richter, gute Hoffnung haben in Absicht des Todes und dies eine Richtige im Gemüt halten, daß es für den guten Mann kein Übel gibt [d] weder im Leben noch im Tode, noch daß je von den Göttern seine Angelegenheiten vernachlässigt werden. Auch die meinigen haben jetzt nicht von ungefähr diesen Ausgang genommen: sondern mir ist deutlich, daß Sterben und aller Mühen entledigt werden nun das beste für mich war. Daher auch hat weder mich irgendwo das Zeichen gewarnt, noch auch bin ich gegen meine Verurteiler und gegen meine Ankläger irgend aufgebracht. Obgleich nicht in dieser Absicht sie mich verurteilt und angeklagt haben, sondern in der Meinung, mir Übles zuzufügen. Das verdient an ihnen getadelt zu werden. [e] Soviel jedoch erbitte ich von ihnen: An meinen Söhnen, wenn sie erwachsen sind, nehmt eure Rache, ihr Männer, und quält sie ebenso, wie ich euch gequält habe, wenn euch dünkt, daß sie sich um Reichtum oder um sonst irgend etwas eher bemühen als um die Tugend; und wenn sie sich dünken, etwas zu sein, sind aber nichts: so verweist es ihnen wie ich euch, daß sie nicht sorgen, wofür sie sollten, und sich einbilden, etwas zu sein, da sie doch nichts

monnaleid & weiwaleid, woma song kundd, dass a
gligg wa, woma mid de amoi beinodhuggad, & woma
mid ea brachdn kundd & womas nembei a weng aus-
frogad. & oas wa a sicha, umbringa doand de do drendd
koan zweng den. de hand jo vo haus aus scho bessa dro
wia mia & aussadem brauchand de nia schdeam – goa
nia, wonn des schdimmd, woss iwa ea vazoind.

23.c) bassz auf, richda, wos iazd des schdeam oged, do
brauchz eng es ned randdn & es kinnz eng sicha sei, in
an guan menschn bassiad nix, [d] solonga lebd ned &
wonna amoi gschdoam is, a ned. & wosa duad & wiass
eam ged, des is a de do om ned wuaschd, des kinnzma
a glaum. a de gschichd do mid mia, de is ned vo eam
säim rennad woan. i bima sogoa gons sicha, dass fia mi
des bessa quen is, dase iazd schdiab & mid deara gonzn
dschoch nix mea zdoan ho. wei zweng den hodme de
schdimm nia zruggkoin, & i bi eana ned amoi bes, dass
me do odiwed & an daoud gschiggd homd. obwoissase
wos ondas dengd homd, wiassme do eidrad homd. de
homzes vo oller ofang ou fesdd viagnumma dassma an
schdrig drand; [e] des kead eana scho nu eixogd.
oas owa mechddama nu ausdrong, leidl: losszes meine
buam amoi einakemma, wonns amoi graous gnua hand,
dasses genauaso aufedrez, wia i eng oiwei auffedredd ho.
wonn eng nemle amoi viakimmd, dassase um sgäid oda
sunsd wos, häida randdn wia um an keaze, & wonnsase
fia wos hoind, woss ned hand, donn sogzes eana ei, so
wia enx i oiwei eixogd ho. weissase donn ums foische
randdnd & moanand, se wand woasgodwos, & dawei
hanz grod nixnuz. & wonnz des doaz, donn doazma

wert sind. Und wenn ihr das tut, werde ich Billiges von euch erfahren haben, ich selbst und [42a] meine Söhne. Jedoch, es ist nun Zeit, daß wir gehen, ich, um zu sterben, und ihr, um zu leben. Wer aber von uns beiden zu dem besseren Geschäft hingehe, das ist allen verborgen außer nur Gott.

rechd, [42a] mia säim & meine buam a. iazd owa wiaz
zeid zan ge: fia mi, zan schdeam, fia eng zan lem. woss
an gscheidan is, des wissma oillemidanod ned – des
woas grod dea do om.

INHALT

(nach der Gliederung von Friedrich Schleiermacher)

Hans Kumpfmüller

geb. 1953

lebt im ehemaligen 5b-Fördergebiet der Europäischen Union
(früher: Österreich-Ungern)

verheirat etc.
3 (in Worten: drei) Kinder

schreibt in Hoch- und Tiefsprache
fotografiert mit Subjektiven verschiedenster Brennweiten

Preise:
92. Platz beim Wettbewerb »Jugend forsch« 1963
34. Preis beim Internationalen Mundartpreisausschreiben
des Holzhammerbundes 1995
Trostpreis beim SPAR-Preisausschreiben 1998

Auszeichnungen:
Goldener Fördertopflappen des Innzuchtverbandes f. OÖ
Silberne Nahkampfschnalle der Wahlkampfvereinigung
»MIA HAND MIA«
Goldene Wendehalskette aller betretenen Einheitsparteien

Mitgliedschaften:
Schriftführerstellvertreter des Österreichischen Kameraschaftsbundes
Langjähriger Österreichischer Dunkelkammerpräsident
Unterstützendes Mitglied der Autofahrervereinigung
»Robin Hut«
Projektleiter der Arbeitsgruppe »Alternativer Dorfabbau
auf Maissteppen«
Beratendes Mitglied in der ARGE »Das runderneuerte Dorf«
Ährenobmann der Pflanzenversuchsanstalt »3-Saat«
Obmann der Initiative »Freiheit auf St. Georgens Feldwegen«

edition seidengasse
Bibliothek der Provinz

Verlag für Literatur, Kunst und Musikalien